自分の価値を最大にする

ハーバードの心理学講義

ME, MYSELF, AND US

Brian R. Little

ブライアン・R・リトル
児島 修 訳

大和書房

ME, MYSELF, AND US

The Science of Personality and the Art of Well-Being

Brian R. Little

はじめに

本当の自分はどんな人間なんだろう。

隣にいる人はどんな価値観で動いてるんだろう。

最高の人生とはどんなものなのだろう。

本書は、このようなことを考えるのに役立つ「パーソナリティ心理学」について、最新の知見をまとめたものです。

私たちは、他者を理解しようとする試みを通して、自分を深く理解することになり、自分を深く理解することによって、世界を違った視点でとらえられるようになり、もっと自分の能力をいかすことができるようになります。

往々にして、私たちは世界を自分だけの視点で解釈しようとして行き詰まってしまいます。こうした偏った視点にとらわれるのを避けるため、本書ではまず、私たちが物事を解釈するときにつかっている〝メガネ〟のような役割を果たしている「パーソナル・コンストラクト」（その人を形づくっている考え方、構成概念）について説明します。

きっと、今まで知らなかった自分に気づくこともあるでしょうし、自分の苦手とする状況をうまくかわす方法や、そうした状況で自分をうまくコントロールする術も得られるでしょう。

パーソナリティ心理学が学問として確立されたのは1930年代のことですが、そのルーツは紀元前4世紀の古代ギリシャの哲学・医術理論に遡《さかのぼ》ります。なかでも有力だったのが、身体の体液を基本とする「四体液説」と呼ばれる理論でした。粘液、黒胆汁、血液、黄胆汁の四つの体液が、それぞれ冷淡、憂鬱、楽観的、短気などの気質と関係していると考えられていたのです。

現在では完全に廃れてしまったものの、これは何世紀にもわたってパーソナリティを考えるうえでの基準とされていました。つまり中世では、誰かが「嫌な奴」だと噂されているのは、その人の黄胆汁が多いからだ、というように考えられていたのです。また、こうした気質は生まれ持ったものであり、変わらないものだとも考えられていました。

次に台頭したのは「人間は無意識の衝動に突き動かされている」というジークムント・フロイトやカール・ユングなどが提唱した理論です。これらは20世紀前半に非常に強い影響力を持ち、現在でも臨床心理学や文学の分野では依然として大きな力を持っています。

しかし、パーソナリティ心理学ではあまり重視されなくなっています。もし、自分というものが「無意識（しかも、主に性的なもの）」に支配されているのだとしたら、とんでもなく生きづらくなりそうです。

それぞれの幸福を追求するためのパーソナリティ心理学

20世紀中盤には、カール・ロジャーズやアブラハム・マズローなどによる人間性心理学が、パーソナリティ理論の潮流として台頭しました。人間性心理学は、人間が持っているポジティブな側面に注目しました。自分たちが持つ能力を強く信じていた世代の人々は、この人間性心理学が提唱する「人間の可能性」を熱狂的に支持しました。

しかし残念ながら厳密な科学は、心理学におけるこの「人間主義」と完全に足並みをそろえたわけではありませんでした。むしろ科学的な客観性は、人間の真の理解への障壁だとすら見なされていました。「ニューエイジ」と呼ばれる新たなアプローチにおいてはとくに、科学的なアプローチは忌避されました。

今日では、こうした人間のポジティブな側面に注目する研究は、主として「ポジティブ心理学」の分野になっています。ポジティブ心理学は、個人や社会、組織や国などの単位で、人間の生活を豊かにしているものを探る学問であり、科学的アプローチによって人間の心身の健康を研究しています。

本書はポジティブ心理学そのものをテーマにした本ではありませんが、共通点はたくさんあります。たとえばパーソナリティが、心身の健康や幸福感に及ぼす影響などについて扱っているところです。また、目標、願望、パーソナル・プロジェクト（私たちが取り組む、自分にとって価値のある行動）などによって、人生がいかに形づくられていくのかを検証します。あなたは超自然的な力によって操作されているチェスのコマではないのです（昨晩やってしまった愚かな行動の理由がわからないことはあるかもしれませんが）。

こうした研究成果を生活にいかすには、10個の単純なステップや、誰にでも当てはまる公式に置き換えることはできません。自分の生き方を反映した、あなた独特の方法を編み出す必要があるのです。

パーソナリティは変えられる

現代のパーソナリティ科学は、四つの主要な分野で進歩を遂げています。

一つ目は、遺伝的要素が、パーソナリティにどのように影響するかについて、この10年間で理解が深まったことです。人のパーソナリティを決めるのは「遺伝」なのか「教育」なのかという古い二分法は、「パーソナリティは変えることができる」という、もっと複雑で、魅力的な視点に取って代わられるようになっています。

二番目は、環境が個人のパーソナリティに及ぼす影響について、理解が深まったことです。社会的背景や日々経験する出来事なども、私たちのパーソナリティを構成しているのです。

三番目は、動機とパーソナリティの関係について調査が進み、大きな発見があったことです。私たちは、大切な何かを達成するためには、遺伝的なパーソナリティを超えて自分を変化させることができるのです。

四番目は、従来のパーソナリティ理論が精神病理学に重点を置いていたのとは対照的に、新しいパーソナリティ理論は「クリエイティビティ」や「柔軟性」など、人間のポジティブな側面に注目していることです。パーソナリティ心理学は、「エキセントリックなもの」と「独創性」の両方に目を向け、「変わり者」と「真にクリエイティブな人」を区別するのです。

このようなパーソナリティ心理学の最新の知見を通して、私たちは人間の意外な側面を知り、自分の本当の姿を深く理解できるようになります。

また本書では、幸福な人生とはどういうものかについても、新たな視点をご紹介していきたいと思います。

目次

第2章 「自分の性格」を理解する——五つの要素で適性がわかる

第3章 別人を演じる――大切なもののために性格を変えるということ

第4章 「タマネギ」か「アボカド」か――場に合わせるか、信念に従うか

第5章　主体的に人生を生きる――運命はどのくらいコントロールできるのか？

第6章 性格は寿命も左右する——すべてを勝負にする人、しない人

第7章 クリエイティビティは「才能」ではない
――独創的な人ほど性格が悪い？

第8章 住んでいる場所が「生活の質」を決める
――SNSで回復する人、疲れる人

第９章　「パーソナル・プロジェクト」を追求する

――人生をかけて達成したいことを見直す

第10章 自分を変える挑戦——幸福な人生を自分でつくる

第1章 あなたを閉じ込めている檻

——〝メガネ〟を変えて世界を見る

人は誰でも、あらゆる人と似ていて、一部の人と似ていて、誰にも似ていない。

——クライド・クラックホーン、ヘンリーA・マレー著『Personality in Nature, Society, and Culture』1953年

おそらくカニは、人間によって何の断りもなく「甲殻類」に分類されていると知ったら、激しく怒ってこう言うに違いない。「私はそんなものではない。私は私自身だ。私自身でしかないんだ」

——ウィリアム・ジェームズ著『宗教的経験の諸相』1969年

私が、リンゼイ教授の左の靴が「内向的」だと言うと、誰もが彼の靴を見ます。まるで、その靴が本当に内向的だとでもいうように。靴を見ないでください！　私を見てください。靴が内向的だと言ったのは、私なのです。

――ジョージ・ケリー著『Man's Construction of his Alternatives』1958年

あなたは、自分のことをどんな人間だと思っていますか？

母親やパートナーについてはどうでしょう？

レストランで近くの席にいる見知らぬ人のことをそっと観察して、どんなふうに思いを巡らせていますか？

私たちはよく、誰かのことを「こんなタイプの人」というふうに考えますが、私たちがそう解釈する理由はなぜなのでしょうか？

パーソナリティを「タイプ」に分類するテストを受けたことがある人は多いはずです。しかし、人のパーソナリティは、このようなテストでは十分にとらえられないと思ったことはないでしょうか。あるいは、「人間の行動は、性格タイプよりも、状況に大きく左右される」という説を聞き、本当にそうなのだろうかと疑問を抱いた人もいるかもしれません。

私たちは、パーソナリティについて大きな関心を持っています。しかし、その好奇心を満たすには、○か×かのようなテストでは単純すぎますし、「環境がすべて」という説は極論のように思えます。

まず、一般的に私たちが人のパーソナリティをどのようにとらえているかについて、考えてみましょう。

その際に役立つのが、パーソナリティ心理学の「パーソナル・コンストラクト（個人的構成概念）理論」です。これは、「人にはそれぞれ独自の評価基準があり、それによって物事を予測したり、自分や他者を解釈したりしている」という理論です。

他人をどう解釈しているかについては、「自分自身をどう解釈しているか」が大きく影響しています。また、この解釈は、日々の生活におけるあなたの行動や幸福度にも深く関わっています。

この評価基準は、私たちが周囲の世界を理解するための便利な「枠組み」にもなれば、私たちを閉じ込める檻にもなります。複雑な世の中を迷わず歩くための道標《みちしるべ》にもなる一方で、自分や他者を凝り固まった考え方でとらえてしまう罠にもなるのです。

私たちは、ときとして自分でつくった枠組みにとらわれてしまいます。しかし幸いにも、これは変えることができます。本章では、このことについて詳しく見ていきます。

それでは、最初の質問に戻りましょう——あなたは、自分のことをどんな人間だと思っていますか？　あなたが自分を「自分」だと認識している根拠は、いったい何なのでしょうか？

「他人の行動」を解釈する三つのアプローチ

レストランにいるとしましょう。

隣のテーブルにいるのは男性の2人組。そのうちの1人（こぎれいな恰好をした若いほう）が、運ばれてきたステーキを「焼き方がよくない」と言ってウェイターに突き返しています。しかも、これで三度目です。それに気づいたあなたは、彼についてどのような印象を抱くでしょうか？

ここでは、三つのアプローチをとることができます。

一番目は、その男性のパーソナリティの「特性」（自己主張が強い、外向的、思いやりがない、感じが悪いなど）を思い浮かべることです。

二番目は、ステーキを突き返した若い男性と、同席していた年配の男性のやりとりを観察して、若い男性に「肉の焼き加減にこだわる」以上の意図があったと推察することです。つまり、彼は「パーソナル・プロジェクト」と呼ばれる、自分自身にとっての大切なプロジェクト（上司を感心させる、または同席者に自分は相応しいものしか受け入れない人間であるという姿勢を示す、など）を遂行しているのかもしれません。

三番目は、男性の行動を説明する「物語」をつくることです。「彼が今夜これほど苛立っているのは、仕事でひどく落ち込む出来事があったからだ。だからミディアムレアがわかっていないウェイターを非難しているのだ」と想像するのです。

この三つのアプローチは、組み合わせることもできます。たとえば、「隣のテーブルの男はえらそうだし、嫌な感じだ。だけど、昼間に何かがあったのかもしれないし、同席している相手に何かをアピールしようとしているのかもしれない」という具合です。

このように見知らぬ人を解釈しようとする方法を見れば、あなたがパーソナリティをどのようにとらえているかについても多くを学ぶことができます。

このように見知らぬ他人を解釈する場合、相手の「特性」「パーソナル・プロジェクト」「物語」などは、あくまでもこちらの想像であり、事実に基づいてはいません。人は、「他者」の振る舞いの原因を「パーソナリティ」で、「自ら」の振る舞いの原因を「状況」でとらえる傾向があります。

しかしこの場合は、今見えている場面でしか男性のことを判断できません。彼のレストランでの振る舞いは普段とは違う可能性もあるので、嫌な奴だと決めつけるのは公平ではないといえるでしょう。

また、彼が上司を感心させようとしているのか、あるいは単にイライラしていてウェイターに過剰に反応しているのかを見分けるための確かな情報もありません。あなたは「直感的な推察」によって、目に留まった誰かがどのような人間かを説明しようとしたにすぎないのです。

「見慣れた他人」より「まったくの他人」のほうが話しかけやすいのはなぜか?

このような直感はさまざまな局面で見られます。

心理学者のスタンレー・ミルグラムは、私たちはわずかな情報に基づいて見知らぬ人のことを推察し、物語をつくりあげていると述べています。

たとえば私たちは、「見慣れた他人」に頻繁に遭遇します。「見慣れた他人」とは、毎朝のエレベーターの中や、スーパーでの買い物時、子どもを学校に送るときなどによく見かける他人を指します。

このような人たちとの関係は曖昧です。互いに存在に気づきながらも、他人同士でいようという作用が働いている、〝凍結〟された関係です。

私たちは、このような見慣れた他人について手の込んだ物語を想像することがあります。「彼は毎朝慌ただしくしている。おそらく妻とは離婚していて、職業は弁護士。昨日NFLのジャイアンツが負けたので不機嫌だ」「彼女は愛らしくて思慮深い女性だ。パリに住みたいのだが、余命いくばくもないお姉さんがいるために自分の幸せを犠牲にしている」というふうに。もちろん、あなたが物語を紡いでいるのと同じように、相手もあなたの物語をつくっているはずです。

興味深いことに、私たちはこうした凍結された関係が〝解凍〟されるのを拒むことがあります。たとえば誰かに時間を尋ねるとき、あなたなら「見慣れた他人」と「まったくの他人」のどちらに近づこうとしますか？　おそらく、「まったくの他人」に近づこうとするのではないでしょうか。

私たちは、普段とはまったく違う状況で会わない限り、「見慣れた他人」を避けようとするのです。それでも、なんらかの拍子で凍結した関係が解凍されることがあります。そのとき私たちは、自分たちの仮説の正誤に気づきます。直感が当たっていたと嬉しくなることもあれば、見当違いな推察をしていたことにがっかりすることもあります。

たとえば、先ほどの男性はジャイアンツではなくグリーンベイのファンで、幸せな結婚生活を送っていて、生まれたばかりの双子の世話で疲れているだけだったとか、先ほどの女性は、それほど愛らしくも思慮深くもなく、パリではなくイリノイ州に移住することを夢見ていて、お姉さんもいないとか。

このように、私たちは直感に基づいて相手にさまざまなパーソナリティ特性を割り当て、人生を推察し、物語を紡いでいます。この仕組みを理解することで、パーソナリティや幸福について理解を深めることもできますが、なにより自分自身の理解に役立ちます。

意外にも、他者をどのように解釈するかは、自分の幸福に関係しています。人は、他者を解釈する枠組みが多くなるほど世の中に適応しやすくなり、逆に枠組みが少ないと、変化していく状況に上手く対処できず、トラブルを乗り越えることが困難になってしまいます。前述したように、あなたが人をどう見ているかは、世界を理解する枠組みにもなれば、あなた自身を拘束する足枷《あしかせ》にもなります。それに囚われてしまえば、人生を思い通りに歩めなくなってしまうのです。

私たちは客観的に解釈できない？

世界をどのように解釈しているかによって、人生は大きく左右されます。

なぜなら、それは私たちが世の中や人を解釈する際の「自由度」に影響しているからです。この自由度が、私たちの人生を形づくっているといっても過言ではありません。

「個人の評価基準（すなわち、前述したパーソナル・コンストラクト）」は、20世紀半ばに心理学者ジョージ・ケリーが提唱したパーソナリティ理論における重要な概念です。

ケリーはその著書『The Psychology of Personal Constructs』の中で、当時もっとも影響力があった二つのパーソナリティ理論である精神分析学と行動主義に異議を唱えました。

パーソナリティは、フロイトの精神分析学では「性的衝動などの無意識での葛藤や、社会的タブーの影響によって形づくられるもの」、スキナーの行動主義では「環境によって導かれる、報酬と罰に基づいた行動」だと見なされていました。

しかしケリーは、これらの理論では人間があまりに受動的な存在に見えると考え、「人間は日常生活で出会う人や物、出来事について、あたかも科学者のように仮説を立て、検証し、修正しながら生きている」と主張したのです。

ケリーの理論では、私たちは個人的な評価基準で世界を自分なりに解釈し、他者のパーソナリティや行動を予測していることになります。

評価基準はたいてい、対比的な形容詞で表現できます。「良い——悪い」「内向的——外向的」「USBポートがある——ない」などです。

「良い——悪い」は、「コレステロール」「体臭」「サーロインステーキ」「大統領候補」など、さまざまなモノや出来事に当てはまる幅の広い評価基準です。

一方、「USBポートがある——ない」のような評価基準は、狭い範囲のモノ（電子機器）にしか当てはまらず、極端な比喩として用いる場合を除けば、「祖母」や「牡蠣」の解釈には使えません。

「内向的——外向的」は、その中間です。通常は人間に対して用いられますが、他の生き物（たとえば、隣の家のマルチーズ）を描写する際にも使われます。

私たちは、この評価基準に基づいて、他者を分類しようとします。しかし、なかには、その基準に当てはまらないこともあります。

先ほどのステーキを突き返した男性の例で言えば、「嫌な感じ」といったラベルを貼る人もいますし、「男らしい」と感じる人もいるかもしれません。

これらの基準は複雑な働きをしていて、絶えず変化し、修正されています。私たちは他者を客観的に解釈していると思っていますが、じつはその基準となっているものさしは、個人の感情や経験の影響を多く受けて、それぞれ独自に形作られているのです。

同じ出来事でも、とらえ方が柔軟なほうがうまく対処できる

評価基準とさまざまな感情の関係を考えてみましょう。

人は、自分の評価基準に当てはまらない出来事が起きると、不安を感じます。たとえば、夜にどこからか奇妙な物音が聞こえてきたとします。あなたがそれを「猫」や「夫」がたてた音だと思えれば問題ありませんが、そう思えないと不安が生じます。このとき、「そういえば、この前アライグマが鳴いていたな。今のもそうだろう」という別の仮説を立てることができれば、不安はおさまります。しかし、「もしかしたら泥棒かもしれない」と思ったとき、不安は恐怖に変わります。

また、配偶者の死などの予期せぬ環境の変化によっても、それまでと同じ方法では仮説が立てられなくなることがあります。

夫に先立たれた妻は、1人で生きていくことに意味を見出さなくてはなりません。経済

面の変化も自分で対処しなければなりませんし、夫が好きだったテレビのスポーツチャンネルの契約を、今後どうするかも決めなければなりません。

　そのためには、新たな評価基準が必要になります。夫が好むかどうかではなく、自分が好きかどうか、時間があるかどうか、などが新たな基準です。このように評価基準が多い人は、環境の変化に対処しやすく、不安に陥ることも減ります。

　しかし、評価基準のレパートリーが少ない（あるいは範囲が狭い）人は、世界を解釈する自由度が低くなるために、日常生活で日々新たに生じる出来事にうまく対処できず、不安を感じやすくなります。

　姉がいくら励ましても、妹が離婚から立ち直れないケースなどもこれに当てはまります。妹はあらゆる男性を「信頼できる人——元夫のように突然に私を捨てる人」という、ひどく単純な基準で考えているために、人生をうまくやり直せなくなっているのです。

　次に、〝敵意〟について考えてみましょう。

　敵意とは、「自分を否定されたときに起こる反応」だと表現することもできます。

　たとえば、自らを「堂々としている」という基準でとらえている人は、「人の言いなりになる」（ステーキの焼き加減がよくないのに、黙ってそれを受け入れる）というような状況に直面したとき、抵抗を示します。この評価基準を守るためなら何度でもステーキを突き返すでしょう。大切なのはステーキの焼き加減ではなく、「自分自身についての評価」を保つことだからです。

他にも、人が〝脅威〟を感じるのは、「自分の核となる評価基準」に変化を迫られたときです。個人の評価基準は、単体で作用しているのではなく、相互に作用するいくつもの評価基準と共に、人の価値観をつくりあげているのです。基準同士の結びつきの度合いはさまざまで、強いものもあれば緩いものもありますが、その他の基準との結びつきが強いものが、個人のもっとも大切にしている「価値観の核」になっています。

人がもっとも否定されることを恐れる「価値観の核」

大学生を例にとりましょう。新入生の多くは、「頭がいい――頭が悪い」という基準によって、自分はもちろん、周りの友人のことも見ています。この基準が、他の基準と強く結びついているケースもあります。たとえば、「成功――失敗」「将来いい職に就ける――条件の悪い仕事にしか就けない」「価値がある人――無価値な人」などです。

このように相互に結びついている評価基準の中で核となっているのが、「頭がいい――頭が悪い」であると仮定しましょう。試験の成績が悪くて単位を落としてしまったとき、何が起こるでしょうか？　それは、単なる事実を超えて、その学生が人生の拠り所にしている評価基準体系そのものの否定につながります。そのため、単位を落としたことによって、「恐怖」のような強い感情が生じることになります。

一方、「頭がいい――頭が悪い」が評価基準の核でなければ、単位を落としたことでガッカリしたとしても、恐怖までは感じません。「いい成績をとる（自分の頭のよさを証明する）」ことを人生の拠り所にしていない学生は、中間試験でしくじったからといって、自暴自棄になったりもしないはずです。その学生は、「クリエイティブであること」や「洞察力が優れていること」など、他の評価基準を大切にし、それを自らの価値観の体系に取り入れているのでしょう。

高学歴を価値と考える男子、隠したい女子

こうした評価基準に変化を迫られたとき、強い抵抗感が生じることがあります。他との結びつきが強い評価基準ほど、抵抗感は大きくなります。

数年前、私はハーバード大学の講義で、「評価基準を通じて自分自身を理解する」という実習を行いました。この実習では、学生に自らが重要だと考えている評価基準を書き出してもらい、それを使って自分や周りの人を評価してもらいます。

次に、その評価基準が変化することに、どれくらい抵抗を感じるかを調べるために、学生に「明日目覚めたとき、現在の自分と正反対の状況になっていたら、どう思うか？」と

尋ねます。

この演習は、あなたも今ここで行うことができます。まず、自分がもっとも重要だと思う評価基準を一つ選びます（たとえば、「いい親」「ニューヨーカー」「クリエイティブ」）。次に、それと正反対の評価基準を思い浮かべます。

このときの授業では、私は学生に「もしハーバード大学の学生でなかったら、自分のことをどのように感じるか？」と尋ねました。「ハーバードの学生でなくなる」ことは、「知的」や「魅力的」などの他の評価基準の状態にどのように影響するのでしょうか？

結果はとても興味深いものでした。男子学生の多くが、ハーバード大学の学生でなくなれば、女性から「セクシー」だと見られなくなると述べたのです。彼らは、名門大学の学生でなくなることで、性的な魅力や〝付き合う価値のある男〟というイメージを失うと考えていました。

それを聞いていたクラスの2人の女子学生は、困惑しながらも面白がっていました。彼女たちは、ハーバードの学生ではなくなることで、逆に男性から魅力的だと思われると考えていたからです。

この演習では実際にハーバード大生であることが、どの程度学生の性的な魅力に影響しているかは明らかにはできませんが、それは評価基準の影響力の大きさ、さらにはジェンダーによる違いをも表していました（ハーバード大学の学生であることは、確かに若い女性にとってプラスの要因にならないかもしれません。しかし、1人の女子学生は、教室を出る間際にこう言いました。「でも、マサチューセッツ工科大学よりマシだわ」)。

たった一つの「評価基準」が壊れてしまったとき

ジェラルドは、1970年代前半に私の講義を受けていた学生です。

当時は、ピースサインやフラワーパワーに象徴されるヒッピーカルチャー全盛の時代でした。長髪にジーンズ、サンダルといった格好の学生が大半の中、ジェラルドはひどく目立っていました。彼は、士官学校の制服を着ていたからです。

ジェラルドはいつも普通に歩くのではなく、行進するように教室に入ってきました。他の学生からジロジロ見られたり、陰で笑われたりしていましたが、それを気にしている様子はまったくありませんでした。金髪で大柄なジェラルドは、小さな机の前で背筋を真っ直ぐにして座り、懸命にノートを取っていました。ある日の授業で、私は「人は個人的な評価基準によって他者をどう評価しているか」を理解するための実習を行いました。

一般的に、学生たちは自らの評価基準が明らかになるこの類の実習を楽しみながら行います。このときのクラスもそうでした。とはいえ、各基準の関係性と、変化に対する抵抗感を数値化するのは難しいことです。私は教室内を歩き回り、学生たちが複雑な計算をするのをサポートしていきました。

平均すると、学生には評価基準が約七つありました。また学生全体には、これらの評価基準の変化に対してオープンな傾向が見られました。典型的な基準は、「明るい――暗い」「面白い――退屈」「格好いい――悪い」「感じがいい――悪い」などでした。

ジェラルドの席のところにいくと、彼は自分の分析結果を嬉しそうに見せてくれました。学生の評価基準が平均で七つだったのに対し、ジェラルドの場合は実質的に一つしかありませんでした。それは、「軍隊にいる――いない」でした。ジェラルドは、この基準を通じて、自分自身を含むあらゆる人を解釈していたのです。もちろん、この基準の変化に対する彼の抵抗感は、最大値を示していました。

人間は、自分にとって極めて重要な評価基準を、まるで「自分自身そのもの」のように思い込む場合があります。ジェラルドのケースもまさにそうでした。ジェラルドにとっては、「軍隊こそがすべて」だったのです。

学期末が近づいてきた頃、ジェラルドが授業を欠席しました。とても目立つ存在だったので、彼がいないのはすぐにわかりました。そのときはとくに心配しませんでしたが、その後の2回の授業と試験にも、彼は姿を現しませんでした。

その後、ジェラルドが大学を中退していたことを知りました。何らかの理由で軍隊の研修プログラムを辞めさせられてしまったことで精神が不安定になり、治療を受けるために精神科の病棟に入院し、大学も辞めてしまったというのです。

ひょっとしたらジェラルドには、もともと精神的に脆《もろ》い面があったのかもしれません。しかし、個人的な評価基準の観点からも、説得力のある説明ができます。

つまり、「軍隊にいる」という彼の中で核となっていた評価基準が否定されたことによって、ジェラルドの評価基準体系が崩壊してしまったのです。

もし彼が、「真面目な学生」「勤勉」「献身的な息子」などの他の基準でも、自分や他人を認識していたら、これほど大きな動揺を感じなくてもすんだはずです。しかし、ジェラルドは「軍隊にいる」という唯一の評価基準を拠り所にしていたために、それが否定されたことに大きなショックを受けて、精神を病んでしまったのです。

ヒト志向の人、モノ志向の人

もし、ケリーが言うように私たちがみな科学者のように自分や他者について日々仮説を立て、検証し、修正しているとするのなら、そこではどのような種類のデータが使われているのでしょう？　パーソナリティを研究している本物の科学者の場合はどうでしょう？

評価基準の観点からは、一般の人と、パーソナリティ理論の専門家である実際の科学者の間には、明確な境界線はありません。むしろ、この両者が他人を理解しようとする際に注目するデータには、重要な共通点があるのです。

そのことを理解するために、ここで再びレストランでステーキを突き返している男性の話に戻りましょう。

あなたは、レストランでそのような男性と居合わせたときに、状況を観察するタイプでしょうか？　男性の振る舞いに、強い興味を持つでしょうか？

人の「外見」や「言動」に大きな関心を示すタイプの人を、私は「ヒト志向」と呼んでいます。これは、科学者のように、他人の言動を分析しようとするタイプの人たちです。

一方、私が「モノ志向」と呼ぶ人たちは、まったく異なる志向を持っています。このタイプの人もレストランで他のテーブルを見ることがありますが、注目するのは文字通りテーブルそのものです。食事を運ぶワゴンの脚が細すぎないかと気にしたり、レストランが模様替えをしたことや、職場の給水器具が修理されたことに興味を示したりするのです。

ヒト志向の人は、ヒトの世界に魅了されています。そして、他者を人間的な方法で理解しようとします。モノ志向の人は、モノの世界に興味をひかれています。そして、物理的な方法で、モノはもちろん、人間をも解釈しようとするのです。

どちらの志向であるかは、私たちが人を解釈するときに影響します。

ヒト志向の人は、他者の意図や動機に注目し、心理的に解釈しようとします。話をせずに相手を解釈することは困難だと考え、会話を重視します。現実的な制約で話ができなかったり、「見慣れた他人」であるために相手と話をしにくい状況にあったりするときも、他者を心の中で推察しようとします。そのため、情報不足から相手を大きく誤解してしまうこともあります。

一方、モノ志向の人は客観的なデータに固執する傾向があり、目に見えること以上のものを推察しようとはしません。その分、確実に相手を理解していると言えますが、明白な部分だけに注目することで、相手の全体像を深くとらえられず、結果として誤解が生じることもあります。

この人間的な方法と物理的な方法の違いは、パーソナリティ研究者にも当てはまります。モノ志向の研究者は、パーソナリティの評価に遺伝子技術やＦＭＲＩなどの測定機器を用います。一方、ヒト志向の研究者は、個人的評価基準やパーソナル・プロジェクト、身の上話などの人間的なアプローチを用います。

この二つのグループはめったに交流せず、互いのデータを素直には認めず、対立することも少なくありません。しかし、こうした異なる観点を持つグループが、推察や客観的データを組み合わせながらパーソナリティを解釈すると、いい結果につながるのが人材採用のような場面です。

「第一印象」は変わるのか？

「アセスメントセンター」という、優れた人材評価の手法があります。

候補者は、数日間にわたって複数の審査員（企業の採用担当者やパーソナリティ評価の専門家など）の前でさまざまな面接を受け、演習を行います。

私が以前顧問として参加したこの採用試験のクライアントは林業の大手の会社で、「シニア・リソースエコロジスト」という役職の人材を採用しようとしていました。同社の木材部門は、持続可能な開発をするという、当時としては先駆的な改革に取り組もうとしていました。

採用された人材は、この取り組みを主導すると同時に、同部門を牛耳る保守的な幹部にも毅然とした態度をとることが求められます。さらに、森林伐採に反対するラジカルな環境保護活動家にも対処しなければなりません。世間の目に触れやすい立場でもあり、仕事量も膨大です。同社はすでに候補者を6人の男性に絞り込み、「アセスメントセンター」による採用試験で、最終決定をすることになりました。

審査員は面接室に集まり、候補者の到着を待っていました。私は、ジャック・バンクロフトの隣に座りました。ジャックは、樽のような大きな体形をした目つきの鋭い幹部で、無愛想なことで知られていました。以前、あるコンサルタントが「パルプ工場の臭いを抑えるために工場廃水を下水処理してはどうか？」という提案をしたときも、「浴槽の中でおならをしたことがない人間が考えそうなことだ」と言い放ち、冷たく提案を断った人間です。彼が候補者に一体どんな反応をするのか、私は期待と同時にある種の不安を抱きながら待っていました。

到着した6人の候補者の中に、1人だけちょっと浮いた存在感をかもしだしている、デレクという名の男性がいました。痩せた身体に、青白い顔。長くウェーブのかかった髪、うっすらと赤みを帯びた髭、淡いブルーの瞳。アイルランドで生まれ、7歳のときに家族と共にカナダに移住したという彼は、他の候補者とは違ってスーツを着用しておらず、苔でも生えていそうな作業服を着ていました。サンダルこそ履いていませんでしたが、できれば靴など履きたくないという雰囲気が漂っていました。

ジャックの彼に対する第一印象は、予想通りでした。彼は鼻を鳴らして私の方を向くと、「あのヒッピー野郎だけは絶対に採用させないぞ」と宣言しました。

私が「外見だけで人を判断せず、偏見のない目で候補者を評価すべきだ」と諭《さと》すと、しぶしぶとうなずきましたが、その表情にはデレクに対する軽蔑がありありと浮かんでいました。ジャックは、3日間ある採用試験にもかかわらず、第一印象で最終的な結論を出したかのようでした。

この採用試験では、さまざまな審査が行われ、審査員は演習や面接が終わる度に評価結果や感想を用紙に書き込んでいきます。すると次第に、各候補者の傾向が浮かび上がってきます。

私はジャックがデレクをどう評価しているかが気になっていました。最悪だった第一印象に何か変化はあったのでしょうか？

予想通り、ジャックの初日の評価結果は第一印象から変わっていませんでした。意思決定能力、コミュニケーションスキル、知識の面で、デレクは6人中最下位に評価されていました。唯一、クリエイティビティだけは高く評価していたものの、ジャックはクリエイティビティを重視していませんでした（つまり、それはジャックにとって重要な評価基準ではなかったのです）。

評価基準にとらわれると、正しい情報が受け取れなくなる

ジャックは評価レポートに次のように書き込んでいました。「デレクはたしかにクリエイティブだ。幼い頃に森を歩き、木々と話ができるようになったらしい。まったくどうかしている。こんな人間を採用したら、たちまちトラブルが続出するだろう。デレクはとんでもない変わり者だ。こういうタイプの人間は、木とだけ話をしていればいい」

どうやら、堅物と思われているジャックにも、ユーモアのセンスはあるようでした。たしかに、志望動機を話すように求められたとき、デレクは森の中を散策することの喜びや、子どもの頃に森で体験した楽しさについて語っていました。しかし、彼はそれをユーモラスな口調で、客観的な視点をもって語っていました。それに、自分が森の生活を通じて身につけた技術を審査員の何人かが賞賛していることにも気づいていたようでした。デレクは愚か者などではなかったのです。

2日目の朝、審査員が部屋に集まり、初日の審査結果について議論をしました。デレクの結果は異彩を放っていました。「言語理解力」「認知の柔軟性」「物事を新たな視点でとらえる」などの項目において、とても高いスコアをあげていたのです。さらに、予想通り「クリエイティビティ」では最高点を叩き出し、「視覚処理能力」や「分析能力」も優れていました。

その後のコーヒー休憩で、私はジャックと顔を合わせました。審査員は独自に候補者を評価することが求められるので、候補者について意見を交わすのは最終セッションまで待たなくてはなりません。しかし、ジャックはそんなルールを無視して、デレクのことが癪《しやく》に障《さわ》るとはっきりと私に伝えてきました。

私は心配になりました。デレクはそれまでの演習や面接で、ジャック以外の審査員には極めていい印象を与えていました。にもかかわらず、ジャックはデレクに対して抱いた第一印象を変えようとしていません。それどころか、むしろ悪い印象を強めているように思えたからです。

「パーソナル・プロジェクト」にその人が表れる

2日目の午後、ロールプレイング演習が行われました。設定はタウンミーティングで、候補者は「会社の代表者」を、審査員は「辛口の意見を述べる市民」の役割を演じます。私とジャックは、辛辣に企業側を批判する市民を演じました。どちらも候補者にとって相当に嫌な存在だったと思います。

しかし、そこでのデレクの受け答えは、実に見事なものでした。森林伐採についての現状を説明し、「持続可能な開発」に関する私たちの認識不足を指摘し、市民側から提起された問題に対する技術的な解決策を提案しました。完全にあしらわれてしまったジャックは、すごすごとタバコを吸いに奥の部屋に引っ込んでしまいました。

次のセッションは、2人の審査員が1人の候補者に面接し、この仕事にかける意欲や、個人的に関心があることなどについてじっくりと話を聞くというものでした。

この面接では、私が当時開発したばかりの「パーソナル・プロジェクト分析」と呼ばれる評価手法が用いられました。これは、「パーソナル・プロジェクト」と呼ばれる、人が日常生活の中で追い求めている個人的に重要なプロジェクトに注目したものです。認知心理学が「考えていること」に、行動主義が「行動」に注目するのだとしたら、私のアプローチは「あなたが自分の行動について考えていること」に注目するものです。

ジャックと私はペアになり、デレクに面接を行いました。パーソナル・プロジェクトについて語り始めたデレクの話は、熱がこもったものでした。デレクは、「ブルーグラス・ギターの習得」から「金融システムを学ぶ」に至る、さまざまな分野での挑戦に、情熱的に取り組んでいました。

デレクが「ヒッピー」という単純なステレオタイプの枠内に収まらない人間だということは明らかでした。その関心事や活動は、優秀なビジネスパーソンのそれに近いものがありました。

実際デレクは、起業がしたいとさえ語りました。当時としては、極めて珍しい考えです。それまで第一印象の悪さからデレクを忌み嫌っていたジャックも、積極的に質問し始めました。もしかしたらジャックは、自分の考えを改めようとしているのかと思いましたが、全体的な評価では、ジャックは依然としてデレクを最下位に位置づけていました。

人が固定概念を捨てるとき

翌朝、最終評価が行われました。審査員がそれぞれの評価結果を持ち寄り、各候補について順番に検討していきます。最終評価を下そうとしていたとき、ジャックが突然立ち上がりました。

私は彼が、デレク以外の候補者を推奨するスピーチをするのだと思いました。しかし、そうではありませんでした。「私は間違っていた」ジャックはそう切り出し、他の審査員に情熱的に呼びかけ始めました。「初めは悪い印象を持っていたが、今はデレクこそが最適な候補だと思っている。デレクは会社にとってスーパースターのような存在になれるはずだ。ぜひデレクを1位にして欲しい」

正直に言えば、そのとき私は強い喜びを覚えました。第一印象で人を紋切り型の枠に入れて判断するような頭の固い人物が、3日間のプログラムを通じて候補者への見方を根本から変えたのです。

ジャックが私を見て、「この数日間で多くを学んだ」と言ったときには、心から感動しました。ジャックはたしかに変化しました。しかし、後述するように、その変化は完全に変わったとは言い切れない部分もあったのです。

最終的に、デレクは総合評価で2位に終わりました。選ばれたのは、デレクよりもクリエイティビティが低く、雄弁ではないものの、技術的知識と判断力で高成績をあげた人物でした。

候補者たちには、その日の結果を伝えません。最後にお別れの挨拶も兼ねて審査員と候補者が談笑をしているとき、ロビーには不安と興奮が入り混じった雰囲気が漂っていました。

デレクとジャックは、ブルーグラス・ギターについて熱く語り合っていました。私はジャックについてあらためて考えました。彼の変化は本物なのだろうか？

その変化は段階的なものではなく、極めて唐突でした。ジャックの中で、デレクは急に最下位から一番手に躍り出ました。いきなり、「無価値なヒッピー」から、「会社を救うヒーロー」に変わったのです。いったい何が起こったのでしょうか？

「メガネ」を変えると、見えるものが変わる

士官候補生のジェラルドと同じく、ジャックは一つの評価基準に強く影響されていました。そう、それは「ヒッピーである——ヒッピーではない」です。

もし、当時のジャックの評価基準を調べることができたのなら、それは「信頼性」「たくましさ」「清潔感」などの他の基準とも強く結びついていたはずです。前述したように、

複雑なネットワークの中心にある、核となっている評価基準に何らかの異変が生じると、大きな感情的反応を伴う、強い抵抗感が生じることがあります。

後日、私はジャックが息子のことで悩みを抱えていたことを知りました。ジャックの息子はヒッピーのようなライフスタイルを送り、麻薬の問題を抱えていたのです。また、所属部署が度々環境保護グループと対立したことで、危うく職を失いかけたこともあったと聞きました。

それから、ジャックはモノ志向の人間だったと思われます。彼は大学で専門教育を受けたわけではありませんでしたが、機械に詳しく、そのキャリアを通じて森林管理の技術的な側面に興味を示していました。

逆に言えば、彼はプルーストの小説を読むようなタイプの人間ではありませんでした。モノ志向の人は、モノだけではなくヒトも物理的に解釈しようとします。ヒト志向の人とは異なり、目に入る情報、つまり人の外見を重視します。ですから、たとえば作業服を着た長髪の男性が面接に現れたら、その外見だけで、ビジネスの現場にはふさわしくないヒッピー風の人間だという評価を下してしまうのです。

しかし、件の採用試験では、評価の途中で何かが変わりました。ジャックは、デレクの資質の中に、「ヒッピー」の評価基準に取り入れるのが難しい情報に直面しました。

デレクは金融システムの勉強に喜びを覚え、環境保護の活動家にもうまく対処でき、機械のこともわかります。ジャックにとって、最初はヒッピーだと思えたデレクの印象が変わりました。まるで、自分と同じ種類の人間のように感じられたのです。

ジャックの評価基準体系に何が起こったかを理解するのに役立つのが、「スロットチェンジ」と呼ばれる作用です。

柱となる評価基準が一つしかないと、それが脅かされたときに人は身動きがとれなくなります。世界を解釈するうえでの自由度が低くなってしまうからです。

前述したように、この柱となる評価基準は、私たちが世界を見るための〝メガネ〟のようなものだとも言えます。そしてこのメガネが一つしかないときは、その評価基準の尺度の両端を行ったり来たりする以外に道はありません。

たとえば、あなたが「知的——愚か」という評価基準で世界を解釈している場合、誰かが知的だとは認められないような振る舞いをしたら、その人を「愚か」と認識する以外に打つ手はありません。雪道で立ち往生した車が、タイヤを前後にスライドさせてさらに溝を深めてしまうのと同じように、「知的——愚か」の尺度を行ったり来たりするだけで、他の評価基準を使って世界を新しい視点でとらえようとはしないのです。

しかし、柱となる評価基準が複数あれば、一つが上手く機能しなくても、〝別のメガネ〟で世界を解釈することができます。

ジャックは、最終日にたしかにデレクについての解釈を変えました。しかし、それはジャックが「ヒッピー」についての考えを改めたというよりも、単にメガネを変えた（デレクの解釈に用いる基準を変えた）だけかもしれないのです。

もしデレクが採用されて、ジャックと一緒に仕事をしていたとしたらどうなっていたでしょうか？　きっと、デレクがジャックの予想外の振る舞いをしたとき、ジャックは再び以前と同じようなヒッピーの評価基準でデレクを解釈し直そうとしたかもしれません。

もしそうだとしたら、ジャックはヒッピーの息子についての問題を抱えていたために、「ヒッピーかそうでないか」という基準に縛られながら、世界を自由に解釈することができずに生きていたといえるのです。

自由な基準で世界をとらえなおすには

この章では、「第一印象に縛られないこと」「人やモノを自由に解釈すること」の重要性について見てきました。

「甲殻類」だと勝手に分類されたカニが、「私はそんなものではなく、私自身でしかない！」と怒るかもしれないという冒頭のウィリアム・ジェームズの言葉のように、人を「軍隊にいるかどうか」「ヒッピーであるかどうか」などの基準だけで解釈しようとすると、多くの情報を見落としてしまうことにつながります。

私たちは、「聡明」「愚か」「デビッドの妻」「猫好きの女性」などの一つの評価基準で、自分や他者をとらえるべきではないのです。自分勝手なイメージで相手を解釈しようとするのではなく、自由な目で相手を見るようにしなければなりません。

以降の章では、この自由度を高めるための方法を紹介します。

他者をきちんと理解するには、レストランにいた「ステーキの男性」にしたように、ただ相手を観察するだけではなく、相手に積極的に関わっていく必要があります。さきほどの採用試験のような込み入ったことをする必要はありませんが、単なる観察や第一印象に基づいた推察ではなく、相手を奥深く探求しなければならないのです。

ケリーの考えに従えば、私たちは個人的な評価基準に基づいて世界を解釈しています。それは、世界を理解するための枠組みを与えてくれますが、同時に足枷になってしまうこともあります。特定の評価基準に執着することで、視野が狭くなったり、不安になったり、攻撃的になったりすることもあります。

自分自身のパーソナリティや、望ましい人生についてよく考えるには、家族や友人、同僚など、あなたと人生を共に歩む人たちを、これまでとは異なる視点で見つめ直すことが必要です。古い評価基準は、捨て去ったほうが便利なこともあるのです。混乱や当惑を生じさせているものであれば、なおさらです。

以降の章では、これまであなたが自分や他人を理解するときに用いてきた評価基準を再考し、パーソナリティや幸福を新しい基準でとらえ直すための方法を紹介していきます。

世界を自由に解釈できるようになることで、人生への満足感も高まります。

あなたは、すべての人と似ていて、ある種の人と似ていて、誰とも似ていない存在です。

第2章を読むことで、あなたはこれまでとは違った方法で、自分や他者、世界を見ることができるようになるでしょう。

第2章 「自分の性格」を理解する

——五つの要素で適性がわかる

現代人の性格は、30歳になると石膏のように固まってしまう。

——ウィリアム・ジェームズ『心理学原理』1890年

幸せになろうとするのは、背を伸ばそうとするのと同じくらい無駄な試みだ。

——デヴィッド・リッケン、アウケ・テレゲン『Happiness Is a Stochastic Phenomenon』1996年

「自分は内向的な性格なのかもしれない」「私は少し神経質かな」などと考えたことはないでしょうか？

また、前章に出てきた「ステーキを何度もウェイターに突き返す男性」のことを迷わず「横柄だ」と思ったり、自分が飼っている猫のことを「ちょっと鈍いな」と考えたりして

いるのなら、あなたは人間の行動を説明するのに古くから用いられてきた「特性」という概念を採用していることになります。私たちはこの特性という概念に従って「人間には生まれてから死ぬまでほとんど変わらない思考や感情、行動の特徴がある」ことを前提にして、人を観察しているのです。

この章では、現代の心理学がパーソナリティ特性をどのように考えているのかについて、とくに心身の健康、幸福感とのつながりの面から説明していきます。

冒頭で引用した二つの文章を信じるのならば、私たちの特性と幸福感は、大人になると固定され、その後は変わらないものだと考えられます。これらの特性とはいったい何なのでしょうか？　そして、どのように私たちの日常生活に影響しているのでしょうか？　また、特性は本当に固定的なものなのでしょうか？

まずは、私の個人的な体験をもとにして説明します。それは、「パーソナリティ特性」についての講義を始めようとしているときに起こったある出来事がきっかけでした。

性格は四つの指標で説明できるのか？

その日、私はアリゾナ州ソノマ砂漠にある施設で、直前に控えたハイテク企業幹部向けのプレゼンテーションの準備をしていました。すると、長身で快活そうな女性が近づいてきました。

彼女は、このプレゼンの企画メンバーであると自己紹介した後、私に「映像音響装置を変なふうにいじらないように」と釘を刺しました。彼女が着ていたTシャツには、真っ赤な太い字で「ＥＳＦＪ」とプリントされていました。

この40年くらいのあいだに、ある程度の規模のアメリカ企業で働いたことがある人なら、このキャラクターがＭＢＴＩ（マイヤーズ・ブリッグス性格指標）の「外向型（Extraverted）、感覚型（Sensing）、感情型（Feeling）、判断型（Judging）」の略語だということを知っているはずです。

ＭＢＴＩテストは、20世紀の偉大な心理学者カール・グスタフ・ユングの理論に基づいて、キャサリン・クック・ブリッグスとイザベル・ブリッグス・マイヤーズという実の母娘でもある研究者が開発した、パーソナリティを理解するためのテストです。

現行の標準的なＭＢＴＩでは、93項目の質問に答えることで、四つの対立する指標である「外向——内向」「感覚——直観」「思考——感情」「判断——知覚」のいずれかを組み合わせた16のタイプ（アルファベット四つで表現）で、個人のパーソナリティの傾向を表します。

アメリカでとても人気が高く、毎年２５０万人以上が検査を受けているこのテストは、有料テストや研修プログラムも豊富で、多数の書籍やＤＶＤが販売されています。16タイプを表す四つのアルファベットの組み合わせがプリントされたTシャツもあちこちで見かけます。

なぜ、MBTIはこれほどまでに人気があるのでしょう？（そして、私はなぜ、彼女のTシャツを見たときに、心の中で「やれやれ」とつぶやいたのでしょう？）

おそらく、それはMBTIの信頼性や妥当性が高いからではありません。

まず、信頼性の面では、四つのアルファベットの組み合わせから成る16種類のタイプが、毎回同じものになるとは限らないことがわかっています（つまり、あの女性も再度検査したら、別のTシャツを買わなくてはならなくなります）。また、他のパーソナリティ検査と違って、大規模な研究基盤があるわけでもありません。

では、なぜMBTIはこれほどまでに人気があるのでしょうか？　私は、五つの理由があると考えています。

単純な心理テストが人気になる理由

第一に、簡単に楽しく検査ができることです。企業内で行われるMBTIのワークショップは、参加者にとって楽しいものであり、チームビルディングにも効力を発揮します。ある企業向けトレーナーの女性は、会社が「MBTIタイプ」に浮かれていることを心配しています。この組織で今流行っているのは、ランチ休憩中のMBTIテストです。彼女曰く、「みんなで星占いしているようなもの」だそうです。つまり、それくらいにMBTIは気軽に行えるのです。「まるで、30分以内に届くピザの宅配みたいに、すぐに結果がわかります」――私たち心理学者が、思わず眉をひそめたくなるような話であることはおわかりでしょう。このような検査は、人間のパーソナリティを理解するのに必要な、繊細かつ詳細な分析とは正反対なものに見えます。にもかかわらず、多くの人が飛びついているのです。

二番目の理由は、商業的なアピール度が高いことです。

三番目の理由は、互いのMBTIタイプを比較することが（非科学的な占いとは違って）、パーソナリティについての意義ある会話のきっかけになり得ることです。

四番目の理由は、人は簡単にこの種の検査結果を自分の性格の特徴だと見なすという点です。多くの人は、結果を自分の「アイデンティティ」の一部として、容易に受け入れます。件《くだん》のTシャツの女性も、MBTIタイプによって表されたパーソナリティを、自らのアイデンティティの一部として誇らしげに示しているように見えます。

五番目の理由は、MBTIに限ったものではありません。それは、パーソナリティ検査の質問に答えているときには懐疑的でも、いざ結果を見せられると「これはまさに私のことだ！」と魔法にかけられたかのように、信じてしまう私たちの心理です。

「あなたのパーソナリティはこうです」と提示されたとたん、それまで抱いていた懐疑心は消え、強い興味を搔き立てられ、周りに話したくなるのです。それには、MBTIには「悪い」タイプがなく、それぞれのいい点が説明されている点も、作用しているでしょう。ですから、誰もが自分のパーソナリティタイプを誇らしげに人に伝えられるのです。

本当のパーソナリティは「タイプ」ではなく「尺度」で理解する

では、なぜ私は「ESFJ」のTシャツを着た女性に周りをうろつかれたときに、落ち着かない気持ちになったのでしょうか？

私は、プレゼンの準備をしているようなときには、彼女のようなタイプの人に対応するのは苦手です。何より私を警戒させたのは、4文字の最初の「E」です。つまり、彼女は外向的なタイプです。彼女は、大声で「映像音響装置を正しく使うように」といきなり私に指示しました。

私は誰かに頭ごなしに大声で指示するのも、されるのも好きではありません。映像音響装置だって問題なく使うことができます。もし、私が彼女と同じようにMBTIタイプを表すキャラクターがプリントされたTシャツを着るような人間だったら、私の4文字は彼女とは反対になっていたはずです。最初の文字は、間違いなく内向型（Introverted）を表す「I」になるでしょう。

でも、私が自分を内向的だと認識しているのは、MBTIを通じてではありません。私が用いたパーソナリティ理論は、現代のパーソナリティの科学における研究分野の中で、もっとも影響力のある「主要五因子（ビッグファイブ）モデル」です。この最新の研究成果を説明する前に、まずは皆さん自身で、次のテストに答えてみてください。

自分がわかるビッグファイブ・テスト

以下の文章を総合的に見て、それがあなた自身にどれくらい当てはまるかを評価し、空欄に適切な数字を記入してください。

まったく当てはまらないと思う場合は1を、ほぼ当てはまらないと思うなら2を、どちらかといえば当てはまらないと思うなら3を、どちらでもない場合は4を、どちらかといえば当てはまると思う場合は5を、ほぼ当てはまると思うなら6を、まったく当てはまると思うなら7を入れます。

私は自分のことを……

1　活発で、外向的だと思う（　）

2　批判的で、もめごとを起こしやすいと思う（　）

3　しっかりしていて、自分に厳しいと思う（　）

4　心配性で、うろたえやすいと思う（　）

5　新しいことが好きで、変わった考えをもつと思う（　）

6　無口で、静かだと思う（　）

7　同情しやすく、やさしい人間だと思う（　）

8　だらしなく、うっかりしていると思う（　）

9　冷静で、気分が安定していると思う（　）

10　独創的ではなく、平凡な人間だと思う（　）

集計方法は以下の通りです

誠実性　＝（項目3の点数＋（8－項目8の点数））÷2

協調性　＝（項目7の点数＋（8－項目2の点数））÷2

情緒安定性＝（項目9の点数＋（8－項目4の点数））÷2

開放性　＝（項目5の点数＋（8－項目10の点数））÷2

外向性　＝（項目1の点数＋（8－項目6の点数））÷2

［※例：項目1の点数が「5」で項目6の点数が「2」の場合、

【成人の平均スコアは、誠実性＝4・61、協調性＝4・69、情緒安定性＝4・34、開放性＝5・51、外向性＝3・98】

TIPI（Ten Item Personality Inventory）（Gosling、Rentfrow、Swann、2003）

（5＋8－2）÷2＝5・5

ピザの宅配よりもさらに短い、わずか数分でできるこの尺度は、ビッグファイブと呼ばれるパーソナリティ特性の検査です。信頼性が高く、研究者たちに好んで使われています（本書では、次章以降でも、さまざまなテストを紹介しますが、これらは調査用に開発されたものですから、結果は慎重に解釈するようにしてください）。

ビッグファイブの尺度は、「パーソナリティは五つの主要な因子に還元できる」というパーソナリティ研究の共通理解を反映しています。その五因子とは、次の五つです。

・「誠実性」
・「協調性」
・「情緒安定性」
・「開放性」
・「外向性」

特定の「タイプ」に個人を当てはめる検査とは違い、ビッグファイブでは各因子を連続的なものとしてとらえ、人は必ずその尺度のどこかに位置するものとします。

これらの因子には、約5割の割合で遺伝的な要素が関係していることがわかっており、また幸福感や健康、目標達成能力などを表す「ウェルビーイング(本書ではこれを〝幸福度〟と呼ぶことにします)」に強く影響することも明らかになっています。

パーソナリティが私たちの幸福や健康に大きく影響しているのであれば、冒頭のウィリアム・ジェームズの「パーソナリティは石膏のように固定的なもの」という引用句の問題が気になります。

私たちは将来について考えるとき、今の自分のパーソナリティがこれからも変わらないことを前提にすべきなのでしょうか? その疑問を考える前に、五つの因子をそれぞれ見ていきましょう。

誠実性——成功や長寿をもたらすが、変化には弱い

「誠実性」のスコアが高い人には、「計画性がある」「規律正しい」「注意深い」「忍耐強い」「賢明」「非衝動的」などの特性が見られ、対照的に、スコアが低い人には「無秩序」「自発的」「不注意」「軽率」「衝動的」などの特性が見られます。

一見すると、誠実性が高いことはいいことだと思えます。実際、多くの研究は誠実性の高さと幸福度に関連があると示唆しています。

誠実性は、勉強や仕事に大きく影響します。たとえば、ある大学生の成績を予測するとしたら、彼の高校時代の成績を見るよりも、誠実性を見たほうが正確に予測できます。また、大学生の卒業率とも強い関連性があります。その理由はとても単純です。大学側が評価するのは、レポートの提出期限を守り、キャンパスライフのさまざまな誘惑に負けずに、勉強に集中できる学生だからです。

同じく、誠実性の低い人が大学卒業後にいい職につけない理由も明快です。衝動的で、やる気がなく、軽率で、面接にも遅刻してくるような学生を、企業は採用しないからです。誠実性の高さは実に多様な職業で、成功や目標達成と深く結びついていて、そのまま私たちの幸福度にも大きく影響しています。

また、健康や長寿とも大きく関係しています。あなたは小学生のとき、先生や親から誠実性についてどのような評価をされていたでしょうか？　じつは、高い評価をされていた人ほど、長寿になることがわかっています。その理由は、誠実性が高い人は、生涯を通じて健康にいい習慣（歯磨き、運動など）を保つ傾向があるからだと考えられています。

このように、少なくとも一見したところでは、誠実性は幸福度を高めていると思えます。しかし、いいことばかりではありません。

ダニエル・ネトルによれば、誠実性の高い人は、秩序だった予測しやすい環境にはうまく適応できますし、期限内でのタスクの完了が求められる状況では力を発揮します。しかし、変化が激しく混沌とした環境は苦手です。このような環境では、誠実性が高くない人の方が、突然の変化に対応できるのです。

ジャズミュージシャンを対象にしたボブ・ホーガンとジョイス・ホーガンの研究も、これを裏付けています。誠実性の高さは、幅広い職業でいいパフォーマンスを生み出すことはわかっていますが、ジャズミュージシャンの場合は、誠実性が低いほうが周りから評価されていることがわかったのです。

たとえばジャズの即興演奏では、慣れ親しんだ定番のレパートリーと違って、ミュージシャンにはクリエイティビティを発揮することが求められます。誠実性の高いジャズミュージシャンは、スタンダードな曲目の演奏には長けていますが、他の奏者が発信したリズムや音階の微妙な変化を感じとって即興で応じることは得意ではありません。

このような理由から、自由な雰囲気の中で新しい音楽を聴きたいと集まった聴衆には、誠実性の高い奏者の「規律正しさ」が、面白みに欠けると感じられることもあるのです。

これはミュージシャンに限ったことではありません。秩序を重んじる堅苦しい組織にいるときと、即興のジャズ演奏のような振る舞いが求められる組織とでは、求められるパーソナリティも異なります。

パーソナリティと幸福度の関係を考えるときは、パーソナリティ特性だけではなく、環境も考慮すべきです。一見するとポジティブな特性も、限られた環境でのみ効果的なものかもしれないからです。このことは、私たちが現在の自分の特性を知り、それを将来に活かしていこうと考える際に、大きな意味を持ちます。

協調性――「いい人」であることで成功が遠ざかる?

次に「協調性」を見てみましょう。協調性の高い人は、「感じがいい」「協力的」「友好的」「支援的」「同情的」という印象を相手に与えます。対照的に、協調性の低い人は、「皮肉屋」「対立的」「非友好的」「意地が悪い」と見られます。

こうして比べてみれば、協調性が社会的に望ましいパーソナリティ特性であるとみなされているのは明らかです。とくに、他者と協力する必要がある場合はそうです。

私たちが人の第一印象を判断するときにもっとも重視するのも、協調性です。初対面の相手の協調性を素早く観察しようとする私たちの習性は、人類の長い進化の過程で培われたという説もあります。私たちは本能的に、「この人は私の味方になる人か、そうでないか」をとっさに判断しようとしているのです。

このように、他者の印象を形成するうえでは重要な協調性ですが、誠実性とは異なり、成功との関連性は高くありません。他の因子と比較しても、組織内での成功と一番関連性が低いのが協調性です。給与を指標にした場合、協調性が高いことは、むしろ職業人としてのパフォーマンスを低下させるという研究結果すらあります。これはとくに、協調性が「男らしい振る舞い」と矛盾するため、男性の場合に当てはまります。

しかし、環境に着目してみると、一概にはいえないことがわかります。たとえば、アカウントマネージャーを対象にしたフィンランドでの研究です。アカウントマネージャーは、重要な顧客と友好な関係を築くことが求められる職種です。このような職種では、協調性は大いに効果を発揮します。また協調性は、長期的な関係を維持するのに効果的であることもわかっています。

このように、協調性とパフォーマンスの関係を考えるには、文脈やタイミングも考慮すべきです。ということは、「協調性は高すぎても低すぎてもパフォーマンスは低くなり、最適なパフォーマンスをもたらすのは、協調性が中程度のときである」と考えたほうがよさそうです。いい人すぎても、意地が悪すぎても、パフォーマンスは上がらないのです。

また、協調性の低い人には、外向性が高い人と同じく、自己主張が強いという特徴があります。自己主張の強さは、目標達成には効果的ですが、その分、人間関係をぎくしゃくさせることがあります。部下は、自己主張が強すぎたり弱すぎたりする上司を低く評価し、適度に自己主張する上司を高く評価します。

また、協調性の低い人と外向性が高い人には、ある違いがあることもわかっています。協調性の低い人は、重要な物事とそうでないものを区別する能力が低いのです（一方、外向性が高い人はこの能力に優れています）。

協調性は健康にも影響しています。協調性の高い人が築いている社会的なつながりは、健康にいい影響をもたらします。しかし協調性が低い人は、こうした社会的なつながりを欠き、怒りや皮肉、対立などを頻繁に体験しているため、健康的な環境を築けません。

幸福との関わりも興味深い点です。一般的に、協調性が高い人のほうが幸福感を味わっています。しかし、協調性が低い人は、周りと協調していないときに幸福感を覚えやすいことがわかっています。ポケットベルを使ってランダムなタイミングで被験者の幸福感を尋ねた研究によれば、協調性の低い人は、意図せずに快適な環境に置かれているときよりも、他人に罰を与えているときにポジティブな感情を抱いていました（6章では、こうした敵対的な行動と心臓血管リスクの関係について詳しく説明します）。

情緒安定性——危険に敏感なことはいいことか、悪いことか

情緒安定性はパーソナリティ特性のなかでも大きな研究対象であり、幸福とさまざまな面で結びついていることも指摘されています。

情緒安定性と幸福度の関係は、極めて単純です。情緒安定性が低い人は主観的な幸福度が低く、ネガティブな感情を抱きやすく、結婚や対人関係で問題が生じやすく、仕事の満足度が低く、健康状態があまりよくない傾向があることがわかっています。これは神経症疾患者についての話ではありません。健康で正常な日常生活を送っている人の情緒安定性についての話です。

情緒安定性の低さは、ネガティブな物事に対する感度に大きく関連しています（この感度は神経学的にも説明できます。情緒安定性が低い人は、危険を察知する脳の器官である「扁桃体」が過敏であることがわかっています）。情緒安定性が低い人は、他の人なら見過ごしてしまうような小さな危険の兆候を察知し、それについて熟考する能力に優れています。

ただし、身の回りに危険はないかといつも警戒しているために、慢性的に強いストレスを感じており、免疫系の疾患に罹りやすくなります。睡眠障害になる確率や病院を訪れる頻度が高く、健康上の問題を多く抱えています。危険を察知することは誰にとっても必要なことです。しかし情緒安定性が低い人は、他の人より過敏なため、不安や抑うつ、自意識過剰、感情的な脆さといった問題を抱えやすくなります。

対照的に、情緒安定性が高い人は、浮き沈みの少ない、安定した精神状態で日常生活を過ごせます。また、情緒安定性は、他のパーソナリティ特性を増幅するアンプのような役割も担っています。たとえば、誠実性が高い人は、情緒が安定している状態のときに、誠実性がさらに高まります。協調性と情緒安定性がどちらも低い人は、他者との間に対立関係を生みだしやすくなります。

情緒安定性が低い人が抱えているさまざまな問題のことを考えると、彼らの生活の質や幸福度は低いものに思えます。が、ここでもメリットとデメリットの両方の側面からとらえるべきです。

情緒安定性を、進化的な背景から考察してみましょう。情緒安定性が低いことにデメリットしかないのであれば、なぜこれらの人の遺伝子は、淘汰されずに現在まで生き残っているのでしょうか？

私はその理由は、こうした危険に対する感度が、極めて重要なものであったためだと考えています。危険に敏感だとストレスは増しますが、それは人類が生き延びるために重要な役割を担っていたことも確かです。人間のさまざまなパーソナリティは、私たちの祖先が30人程度の集団で狩猟採集生活を送っていた時代に形成されました。

この時代、周囲には敵や危険が多かったため、集団内に危険に敏感な人がいることが大きな意味を持っていたのです。彼らは、危険をいち早く察して集団内に警告することができ、自らも危険から逃れやすい立場にありました。逆に、危険察知能力の低い（情緒安定性が高い）人たちは、普段は幸せに暮らしていても、逃げ遅れて肉食動物の餌食になる可能性が高かったと考えられるのです。

もちろん現代では、当時とは危険の性質が大きく異なっています。それでも、危険に敏感に反応するという遺伝子を持った人はまだ多く存在しており、昔と同じように集団内に危険を警告する役割を担っているのです。

開放性——新しいことを受け入れる人は喜びも悲しみも深い

開放性は、新しい考えや人間関係、環境をどの程度受け入れるかを表すもので、クリエイティビティと深く結びついています。開放性が高い人は、芸術や文化に強い興味を示し、エキゾチックな味わいや匂いを好み、世界を複雑なものとしてとらえています。対照的に、開放性が低い人は、新しい何かを試すことに抵抗を感じ、いつも通りの行動を好み、エキゾチックな誘惑にも魅力を感じません。

また、開放性が高い人は、情緒安定性が低い人と同じく、不安や抑うつ、敵意などのネガティブな感情を多く体験します。しかし、情緒安定性が低い人とは異なり、喜びや驚きなどのポジティブな感情も多く経験します。とくに、美しい物に触れたときに鳥肌が立つことが多いのも興味深い点です。

ある曲や絵画を鑑賞すると、決まって鳥肌が立つことはないでしょうか？　もしそうなら、おそらくあなたの開放性は高いはずです。私も音楽を聴いているときに、よく鳥肌が立ちます。

このパーソナリティ特性は、遺伝的要因が高いことがわかっています。このため私は、開放性の高い娘のヒラリーと自分に、特定の曲（さらにはその曲の特定の箇所）を聞いたときに鳥肌が立つことがあるのではないかという仮説をたて、互いに鳥肌の立った音楽ファイルを送りあっては、相手に鳥肌が立ったか、その場合は曲のどの箇所だったかを尋ねあうようにしています。

ある春の日、ヒラリーと私は、彼女が鳥肌が立ったという曲を聴いていました。曲の再生が始まり、彼女が「鳥肌が立った」というフレーズにさしかかったちょうどそのとき、リビングルームでその曲を聴いていた孫娘が部屋に入ってきて、身震いしながら「ここはすごく寒いね」と言いました。しかし、その部屋は寒くはなく、室温は22度もありました。

私とヒラリーは、幼い孫娘が娘とまったく同じように、その曲の特定の箇所を聴いて鳥肌を立てたのかもしれないと気づき、そのことに対してまたさらに鳥肌を立てたのでした。

幸福度との関連性については、開放性はこれまでに見てきた他の因子とは性質がかなり異なります。

前述したように、開放性はポジティブな感情とネガティブな感情のどちらにも結びついています。このため、開放性の高い人は、幸福について複雑な感覚を持っています。また、開放性の高さは、新しさが評価される職業での成功と、関連があることがわかっています（開放性とクリエイティビティについては7章で考察します）。

外向性――刺激に対する感度で人間関係が決まる

最後の「外向性」については、他の因子よりも詳しく説明します。

情緒安定性と同様、外向性は研究対象になることがもっとも多いパーソナリティ特性であり、幸福度についてもカギを握っています。最近ではとくに、スーザン・ケインの『内向型人間の時代　社会を変える静かな人の力』（講談社刊）が出版されて以来、「外向型――内向的」が話題になることが、とても多くなりました。

ケインはこの本の中で、現代社会、なかでもアメリカでは、幼稚園から企業の会議室に至るあらゆる局面で外向型が理想的な性格特性だとみなされているが、実は内向型にも外向型に負けない優れた側面がいくつもあると主張しています。この本は私たちに、内向的、外向的なタイプのそれぞれの長所に着目することの重要性と、適切に区別することの大切さを教えてくれます。

ビッグファイブの他の因子と同じく、外向性も遺伝的な要素によって決まる割合が高いことが知られています。生理学的には、外向型――内向型の違いは、脳の新皮《しんぴ》質《しつ》の特定領域における覚醒レベルの違いだと考えられています。つまり、外向型の人は普段の覚醒レベルが低く、内向型の人は高い状態にあります。日常生活で適切に振る舞うには、覚醒レベルを最適に保つ必要があります。そのため、外向型は覚醒レベルを上げようとし、内向型は下げようとするのです。

普段から覚醒レベルが高い内向型は、最適なレベルを維持するために、刺激的な状況を避けようとします。刺激の多い状況ではパフォーマンスが落ちることを理解しているからです。そのため、周りからは人づきあいが悪いと誤解されることがあります。

逆に、もともとの覚醒レベルが低い外向型は、刺激的な状況を好みます。熱い議論が交わされるような環境にいるときこそ、自分のパフォーマンスが上がることを知っているからです。

この違いは、車の運転でも観察できます。内向型と外向型の人が同じ車に乗っているとします。たいてい運転するのは外向型の人です（それが内向型の人の車でも）。外向型は、覚醒レベルを上げるような運転をします。スピードを出し、事故を起こしかねないような強気の運転をします。交通規則を破って、携帯電話を片手に運転することもあります。内向型は、事故にならないことを祈りながら、不安そうな顔をして助手席に座っています。外向型は、カーラジオを大音量で聞くこともあります。内向型の人にとっては苦痛でしかありません。

痛みも、内向型と外向型の違いを理解するためのキーワードです。内向型は（情緒安定性が低い場合はとくに）、外向型よりも痛みを強く感じます。私は子どもたちのサッカーのコーチをしているとき、何かにつけて痛がってばかりいる内向型の子どもを「めそめそするな」と怒るのはよくないと親に伝えるようにしています。逆に外向型の子どもは、相手と激しくぶつかるのを恐れていないように思えます。ときには、激しい接触プレーを楽しんでいるように見えることさえあります。

覚醒レベルは、神経に作用する飲み物をとることでも調整できます。アルコールは（少なくとも飲み始めてしばらくは）覚醒レベルを低下させます。このため、ワインを数杯飲むと、普段から覚醒レベルが低い外向型の覚醒レベルはさらに下がり、最適レベルからますます遠ざかってしまいます。逆に、普段は覚醒レベルが高い内向型の人は、同じ量のアルコールをとることで覚醒レベルが下がり、結果として最適な覚醒レベルに近づきます。このため調子がよくなり、普段よりも饒舌になったりします。

刺激物であるコーヒーは、反対に作用します。外向型の人は、カフェインによって効率的にタスクを行えるようになり、内向型の人のパフォーマンスは落ちます。とくにタスクが定量的で、制限時間のプレッシャーがある場合、この違いは大きくなります。内向型は、直前にコーヒーを飲むと、会議で十分なパフォーマンスを発揮できなくなることもあります。とくに会議のテーマが予算の策定やデータの分析など、数字を扱うものである場合はこの傾向が顕著になります。一方、同じ会議に参加している外向型の人は、カフェインをとることで調子が上がり、積極的な発言をして議論に貢献します。

「質」をとる内向型、「量」をとる外向型

ビッグファイブにおけるパーソナリティ特性の次元は、特定のタイプかどうか割り切る「タイプ分け的」なものではなく、「連続的」な尺度で測定されるので、ほとんどの人は中間レベルのスコアになります。真ん中の場合は、「両向型」と呼ばれることがあります。

読者のみなさんが、この両向型であることも多いにありえます。両向型の覚醒レベルは、普段から最適レベル付近にあります。「両向型の利点」を示す研究結果もあります。組織心理学者のアダム・グラントによれば、「販売の仕事には外向型が向いている」という通説に反し、両向型は外向型や内向型よりも販売におけるパフォーマンスが優れています。今後も、これと類似した研究結果が多く見られるようになるでしょう。

外向性の違いは、学校の成績にも表れます。一般的に、小学校から大学を通じて、内向型の方がよい成績をとります。ただし、それは内向型のほうが知能が高いからではありません。外向型と内向型の間で、ＩＱに差はないとされています。

私はこの違いは、学習環境にあると考えています。外向型は、刺激が多く積極的な参加

が重視される環境でパフォーマンスを発揮します。しかし現在の学校には、このような学習環境は基本的にはありません。この仮説を裏付けるのが、幼稚園では外向型の方が成績がよいという事実です。ご存じの通り、幼稚園では刺激の多い賑やかな環境で学習が行われます。ですから、幼稚園でいくら優秀だったとしても、その子どもが外向型である場合は、小学校以降も同じような成績をとるとは限らないのです。

外向性が知的なパフォーマンスに影響する領域は、他にも二つあります。

一つは、外向型は短期的な記憶力が、内向型は長期的な記憶力が優れている点です。

もう一つは、作業における「質か量か」のアプローチの違いです。「速度を上げれば多くの仕事をこなせるがミスは増え、速度を落とせば達成量は減るがミスがない」というトレードオフにおいて、外向型は量を、内向型は質を優先させるのです。

この違いのために、外向型と内向型が同じプロジェクトに取り組むと、対立や戸惑いが生じることがあります。ゆっくりと確実に仕事がしたい内向型には、外向型の仕事ぶりが性急で粗いものに見えます。

逆に外向型は、内向型の仕事ぶりを見て、「少しくらいミスをしてもかまわないから、もっと早く片づけてくれよ」とイライラするのです。

近づく外向型、遠ざかる内向型

内向型と外向型のコミュニケーションの違いは一目瞭然です。とくに、非言語的なコミュニケーションのスタイルは大きく異なります。外向型は、相手の近くに立って大きな声で話します。頻繁に相手の肩や背中を叩いたり、ハグをします。

内向型の人は、落ち着いて控えめな様子で話をし、相手の身体にもあまり触れません。

こうした違いがあるために、外向型と内向型のコミュニケーションが奇妙なダンスのように見えることがあります。外向型が相手に近づいて身体に触れようとするのに対し、内向型は相手と距離を保とうとして後ずさりするからです。

話し方も対照的です。外向型は、直接的で単純明快な言葉遣いをします。内向型は、遠回しで曖昧な表現を好みます。家族や親しい友人といった間柄であっても、内向型が外向型のずけずけとした物言いに呆れたり、外向型が内向型の煮え切らない話し方にイライラしたりすることがあります。

以前、同僚のトムという男性とチームを組んで、あるプロジェクトに取り組んでいたときのことです。トムは外向的で190センチ以上の長身、私は内向的で小柄という、対照的な2人でした。

あるとき、チームに加わったマイケルという男性のパーソナリティや仕事スタイルの影響で、プロジェクトがうまく進まなくなりました。問題に気づいた関係者が、トムと私に事情を尋ねました。内向型の私が、ためらいながらもマイケルの仕事ぶりについて婉曲《えんきょく》的に説明しようとしていると、トムがじれったいとばかりに口を挟みました。「ブライアン、マイケルはバカだとはっきりと言えばいいじゃないか」

そう、内向型の私は、今この文章を書いているときにも、自分がマイケルのことを（ついでにいえばトムのことも）どう思っているかを、「バカ」というような直接的な言葉で表現したくないと思ってしまうのです。このように内向型は、波風を起こすような発言を避けようとして、遠回しな表現を使います。これに対し外向型は、より直接的な物言いをするのです。

「報酬」が動機で動く外向型、「罰」を避ける動機で動く内向型

外向性――内向性は、それぞれのモチベーションを理解するのにも役立ちます。外向型の人は、情緒安定性が低い人が危険を知らせる合図に敏感なのと同じように、「報酬」を知らせる合図に敏感です。また、物事のポジティブな側面に注目します。

一方、内向型の人のモチベーションは、報酬の合図を察知してもあまり上がりません。内向型の人は（情緒安定性が低い場合はとくに）、報酬ではなく「罰」の合図に敏感なの

です。

ここまでの説明では、外向型の人の方が幸せな人生を送れるように思えるはずです。実際、「ポジティブな感情」「人生への満足度」「生活の質」「社会との関わり」が重視される領域での成功」などを基準にすれば、外向型は内向型よりも優位にあると考えられています。

性生活に関してすらも、外向型の方が活発であることがわかっています。ある調査によれば、一カ月あたりの性交回数は、内向型の男性は3・0回、外向型の男性は5・5回、内向型の女性は3・1回でした。そして外向型の女性は、内向型の男性である私から見れば驚きとしか言えない7・5回でした。しかも彼女たちは、外向型だけではなく、内向型の男性も相手にしていたのです。内向型の男性（またはそのパートナーの女性）は、これを読んで気落ちしてしまったかもしれません。でも、思い出してください。内向型の人は「量より質を重視する」ということを。

このことを踏まえたうえで、スーザン・ケインがその著書で提起した、内向型の人間はアメリカ社会で（そして、アメリカほどではないにしても他の先進国でも）差別されているという議論について考えてみましょう。

たしかに内向型はいくつかの点で軽視されています。ケインが同書で述べているように、学校教育の現場では、内向型が苦手とするグループ活動が採用されていることがあります。なかでもビジネススクールの多くでは、スピード感があり、騒々しく、激しいという、外向型が好むスタイルの授業が行われています。ケインは、数十年前に女性が社会的な地位を向上させたのと同じように、内向型の人間もその価値を社会から認められるべきであり、そのために私たちは意識を変えなければならないと主張しています。

しかし、外向型――内向型特性がいくら重要だとしても、それが唯一のパーソナリティ特性ではないということを忘れてはいけません。前述したように、現代のパーソナリティ心理学では、パーソナリティ特性には「ビッグファイブ」とよばれる五つの因子があるという考えが主流になっています。同じ外向型の2人の人間が、他の四つの因子ではすべて異なるというケースもあります。同じ外向的な人間でも、片方は開放性、協調性、情緒安定性がすべて高く、片方はすべて低い場合、まったく違うタイプの人間に思えるでしょう。外向性ばかりに着目しても、真実から遠ざかってしまうのです。

性格は変えられる

冒頭の話に戻りましょう。プレゼンテーションをする前に、先の女性のような騒々しい「自称外向型」の人間が現れたときにはどう対処すればよいのでしょうか？

私は長年、大勢の前で話をすることを頻繁に体験してきましたが、それでも内向型の人間として、話をする前には気持ちを鎮める（覚醒レベルを下げる）必要にかられます。

いつもは、散歩をしたり、控え室で静かに講演のノートを読み返したりします。ですから講演の3分前になって、準備中のステージの上にさきほどの彼女のような人間が遠慮もなく乗り込んできたら、私の覚醒レベルは急上昇してしまいます。

私には「厚かましい」と感じられる彼女の振る舞いは、外向型の人間から見れば「陽気さ」と感じられるかもしれません。でも、私には図々しく感じられます。私は思わず心の中で叫びました——自分は、誠実性の高い内向型の人間だ。映像音響システムを勝手にいじって問題を起こしたりはしない！　そして心の内で叫びながら、覚醒レベルがさらに上昇していくのを感じました。彼女はきっと、マイヤーズ・ブリッグスの性格テストが大好きなのでしょう。

しかし私は同時に、人間を「内向型か外向型か」のような固定的な類型ではっきりと区別するという考えには反対しています。私は、人間には目の前の目標を達成するために、「生まれ持ったパーソナリティを超えて行動できる能力」があると確信しています。私は彼女を見て、君はこの意見には賛同してくれないだろう、と胸の内でつぶやきました。

しかし、私は間違っていました。

ほとんどの聴衆が座席に着席し、いよいよ講演が始まろうとしたとき、映像音響システムの最後の確認を終えた彼女が、私の方を振り向いて柔らかい口調で言いました。「さっきはびっくりさせてしまったかもしれませんね」。そして、微笑みながらささやき声で教えてくれました。数年前、大教室での私のクラスを受講していたこと。それもあって、私をちょっとばかりからかってみようと思ったこと。

私に背を向けてステージを降りていくTシャツの背中に、ブルーでプリントされた四つの文字がはっきりと見えました。「INTP」（内向型、直観型、思考型、知覚型）――そう、Tシャツの前面にプリントされていたものとは正反対です。彼女は、私がこれからプレゼンテーションで伝えようとしていた内容を知っていたのです。

たしかに、ビッグファイブのパーソナリティ特性のスコアは、あなたの幸福度や目標達成と深く結びついています。あなたのパーソナリティ特性には遺伝的な影響もあり、長期的にあまり変化しません。

しかしそれは、よりよく生きるために自分を変えようとする努力が、無意味なものになることを意味しているわけでもありません。

このことについて、次章でじっくりと考えてみることにしましょう。

第3章
別人を演じる
——大切なもののために性格を変えるということ

私はときどき、いつもの自分とは別人のように振る舞うことがある。まったく正反対の性格を持つ誰かに、自分を乗っ取られたような気分になるのだ。

——ジャン＝ジャック・ルソー『告白』1781年

あんな目つきなど知ってるんだ、みんな知ってるんだ——
おきまりの言葉でこちらを決めつけるあの目つき。
ぼくは決めつけられ、ピンで磔《はりつけ》にされ、
ぼくがピンで刺され壁でもがいているというのに、
どうして始められよう。
日々の仕事の吸い殻を今さら吐き出すなんて？
今さら、踏ん切るなんて！

――T・S・エリオット「J・アルフレッド・プルーフロックの恋歌」1920年
（岩波文庫『荒地』収録、岩崎宗治訳）

ここまでは、人がそれぞれの評価基準を用いて他人や世の中を見ていることを説明してきました。この枠組みがあるからこそ、私たちは安定した考えをもって、新しい状況や人間関係に対処できます。また、新たな状況に適応していくために、これらの枠組みは常に少しずつ見直され、再構築されてもいます。2章では、心理学が従来扱ってきた領域である、固定的なパーソナリティ特性について見てきました。

この章では、パーソナリティ特性の〝変えることができる〟側面である「自由特性」という考えに目を向けることにします。

「どれが本当の自分？」

あのアリゾナ州でのプレゼンテーションを始めるとき、壇上にいた私は〝カチッ〟という音とともに自分のスイッチが入るのがわかりました。

そう、私は本来の内向型から、外向型に切り替わったのです。時刻は朝の8時35分。まだ眠たそうな目をした聴衆は、内向型特有の、柔らかい口ぶりの曖昧な話を聞きたいとは思っていません。こんなときは、内向型の聴衆でも、覚醒レベルを上げるために外向型の刺激的な話を聞きたいと思うはずです。

もしあなたがこの日の聴衆の1人だったのなら、私のことをまったくの外向型だと考えたはずです。テキサス大学教授のサム・ゴズリングが、同僚である私を例にとって、この問題について考察しています。

あなたがとらえている自己イメージと、他者から見たあなたのイメージのあいだに違いがあるとき、そこには「盲点」がある可能性があります。すなわち、他者から見たあなたこそが、あなた自身が見ることのできない「本当のあなた」であるかもしれないということです。

しかし一方で、あなたがとらえている自己イメージは、「パーソナルスポット」である可能性もあります。つまり、他者が正確にとらえることのできないところにこそ「本当の自分」がいるのかもしれないのです。

ハーバード大学のパーソナリティ心理学講義で絶大な人気を誇るブライアン・リトル教授について考えてみましょう。講義を受講した学生によれば、講義中のリトルは実に雄弁で、溢れんばかりのエネルギーに満ちています。当然、リトルは学生たちから完全な外向型だと見なされています。

しかし、リトル本人は、その見方に同意していません。リトルは、いい講師であるために、意識的に外向型として振る舞っているのだと主張しているのです。私たちは彼のこの意見を信じるべきでしょうか？　ひょっとしたら、講義中の外向型の振る舞いは、リトルも理解していない「盲点」なのではないでしょうか？

講義中の〝外向型の私〟は、私にとっての盲点……その可能性がまったくないとは言いません。

しかし、友人であり、私のことをよく知るサムは、この記事で私のパーソナリティの他の側面に目を向ければ、学生たちが私を誤解していることがわかると述べています。

講義中に普段とは異なるパーソナリティ特性を見せる私のような例は、決して珍しいものではありません。私たちはときどき、他人からはあたかもそれが私たちの〝固定的な〟パーソナリティであると誤解されるような、普段と違う行動をとることがあるのです。

私は長年の研究によって、人間が普段と違う行動をとる理由と、そうした行動をとれるかどうかが幸福度を左右するという理論を構築しました。その基本的な主張はこうです。

私たちのパーソナリティは、現実世界を内側と外側の両面からとらえています。内側の現実は、私たちがそのときに追い求めているもの（パーソナル・プロジェクト）で構成されています。外側の現実は、私たちが意識的・無意識的につくりあげている〝他者から見た自己〟のイメージで構成されています。

パーソナリティは、この二つの現実が交じり合う場でつくられ、修正され、再構築されているのです。

たとえば、本来は神経症的だが、周りからは情緒安定性が高いと見られるように努めている人は、前の晩にパートナーからなじられたなどの理由で、ふだんは隠している神経症的な自分を〝漏らす〟ことがあります。普段の「安定した人」というイメージからかけ離れた「荒れた態度」をとるのです。

前述したゴズリングは、スイッチが入ると学生から外向型だと誤解されるように振る舞うハーバードの教授（そう、私のことです）は、講義後にはトイレにこもって神経を鎮めようとしているかもしれないと書いています。このような現象が私たちの幸福度に大きく影響しているのはなぜなのでしょう？

シーンによって「まるで違う人格」になる人たち

「ときどき、普段とはまったく違う行動をとる人がいるのはなぜだろう」と思ったことはありませんか？　内向型の人が、パーティで外向型のように振る舞うことがあるのはなぜなのでしょう？　普段はピリピリしている人が、休暇中だけは、家族でも驚くほど優しくなることがあるのはどうして？

２人の例を用いて説明しましょう。外向型のように振る舞う内向型のマーカスと、優しさときつさの両面を併せ持つステファニーです。私はこのテーマを研究してきた23年間を通じて、この2人とよく似た人たちを数多く見てきました。

マーカスは複雑な男性です。モントリオールのインディーズ音楽ビジネスでは、ミュージシャン兼興行主として名が知られています。誰かと一緒にいるときは、相手を楽しませ、その場を盛り上げようとします。彼が部屋に入ったとたん話が始まり、話題が尽きることはありません。

しかし、マーカスには別の側面があります。スポットライトを逃れて部屋に引きこもり、分厚い哲学書を読みふけるのです。こういうとき、彼は正真正銘の内向型のように振る舞います。こうしてしばらく独りで過ごしたあと、彼は部屋を出て雪夜のモントリオール旧市街の路地裏を歩き、ライブハウスに入ります。そのとたん、いつものように陽気に話を始め、賑やかに過ごすのです。どのマーカスが、本当の彼なのでしょう?

ステファニーは、普段は怖い女性です。マンハッタンの出版業界で働く彼女のことを、同僚はタフで辛辣な、気むずかしい女性だと評します。彼女は自分でもそれを認め、誇りにすら思っています。

しかし、彼女は普段とは正反対に振る舞うことがあります。たとえば感謝祭で家族と過ごす数日間、日頃とは打って変わって、とても優しく、気立てのよい女性になるのです。どのステファニーが、本当の彼女なのでしょう?

遺伝的動機——唾液の量でわかる外向性のテスト

人間の行動を動機付ける要因は、三つあります。

一つは「遺伝的動機」です。これは現在パーソナリティ神経科学の分野で急速に研究が進んでいる分野です。遺伝的動機は、生まれ持った気質から生じます。その違いは、新生児のときから見られます。近くで大きな音を立てると、音の方に近づこうとする新生児と、音から遠ざかろうとする新生児がいるのです。大人になったとき、刺激に惹きつけられる新生児は外向型に、刺激を嫌がる新生児は内向型になることがわかっています。

「レモンドロップ検査」は、生物学的な外向性レベルを測定する、面白い方法です。さまざまな方法がありますが、私がいつも授業で用いているものを紹介しましょう。

必要なものは、スポイト、綿棒（両端に綿がついているもの）、糸、レモン汁（飲料用のレモンジュースではなく、本当のレモンを搾ったもの）です。

まず、糸を張ったときに綿棒の両端が水平になるように、綿棒の中心を糸で縛ります。そして被験者に、次の手順に従ってもらいます。

1　唾を4回飲み込みます。

2　舌の1点に綿棒の片方の端を当て、そのまま20秒間じっとします。
3　舌の上に、スポイトでレモンの搾り汁を5滴落とします。唾を飲み込みます。
4　先ほどと同じ舌の1点に、綿棒の反対側の端を当て、そのまま20秒間じっとします。
5　糸を張り、綿棒がどちらか一方に傾くかどうかを調べます。

綿棒は水平のままの場合もあれば、〝レモンを落とした後に舌につけた方〟が下がる場合もあります。どちらが外向型でしょうか？

そう、外向型の場合、綿棒は比較的水平を保ちますが、内向型の場合はレモンの方が下がることが多くなります。内向型の人は平常時の覚醒レベルが高く、レモンのような強い刺激に積極的に反応して、多くの唾液が分泌されるためです。

平常時の覚醒レベルが低い外向型は、刺激への反応が内向型に比べて弱いために、唾液はあまり分泌されません。実際、唾液の分泌量が少ないために、外向型は虫歯になりやすいというデータすらあります。

私は自分でも何度もこの検査をしてみましたが、毎回、綿棒は傾きます。つまり、少なくともこの検査で測定する限り、私は生物学的な内向型です。私はマーカスがこの検査をしたら、私と同じ結果になるのではないかと考えています。

オキシトシンの分泌も遺伝で決まる

五つのタイプのパーソナリティ特性にはどれも、生物学的な要因が影響しています。たとえば協調性が高い人は、オキシトシンのレベルが高いことがわかっています。オキシトシンは、出産や授乳、オーガズムなど、他者との親密なつながりによって分泌が促される神経ペプチドです。オキシトシンのレベルは血液や唾液のサンプルから分析でき、オキシトシン調節に関連する遺伝子研究もさかんに行われています。

アレックス・コーガンらによる興味深い実験があります。

最初に、カップルに実験室で悩み事を話し合うように指示し、その様子を撮影します。また事前に、被験者にオキシトシンの分泌をコントロールする遺伝子変異体があるかどうかも調べておきます。そして、撮影した映像を部外者に20秒間見せ、パートナーの悩み事を聞いている被験者に、どれくらい共感や思いやりがあると感じたかを評価させます。

その結果、特殊なオキシトシン遺伝子があった被験者の方が、パートナーの悩み事を聞くときに共感や思いやりが高いと部外者から評価されたことがわかったのです。

おそらくステファニーが被験者になったときには、その冷淡な反応に、こうした評価は得られないだろうと思えます。

このような遺伝的要因から生じる行動は、「自然」だと言えます。生物学的に外向型の人が外向的に振る舞ったり、生物学的に気むずかしい人が気むずかしく振る舞ったりするのは当然でしょう。しかし、これだけが私たちの行動を決めているわけではありません。

社会的動機——文化によって「評価されるパーソナリティ」は違う

私たちの行動は、社会・文化的な規範やマナーから得た「社会的動機」によっても大きく影響を受けます。私たちは生涯を通じて、さまざまな状況下での「社会的に適切な振る舞い」を繰り返し学習し、自然にその場に応じた適切な行動をとるよう学びます。

外向的——内向的な行動スタイルも、生物学的なものだけではなく、社会的な要因によっても強く影響されています。また、文化によって、外向的——内向的な行動のどの側面が重視され、受け入れられるかも異なります。

たとえばアメリカでは、外向型が高く評価されます。スーザン・ケインは、著書『内向型人間の時代』の中で、アメリカ文化に見られるこうした偏りを指摘し、パーソナリティをより幅広い視点でとらえるべきだと主張しています。

対照的に、内向型に価値を置く文化もあります。たとえば、アジア諸国の中には、子どもに対して、周囲に合わせて目立たないように振る舞うことを促す文化もあります。欧米諸国にとっては、勇気を持って前に出る者を叩き、下を向いて何も言わない者を褒めるのは、出る杭を打つようなナンセンスなものにも思えます。しかし、このような社会・文化的な規範の違いは、異文化間のコミュニケーションにも大きな影響を及ぼしています。

外向的なアメリカ人と、内向的なアジア人がビジネスの場で交渉したらどうなるでしょうか？　どの程度強気に自己主張すればよいのか、どのような身振りや態度で自分を表現すればよいのかという基準が異なるために、どちらも、いつもに比べてぎくしゃくしてしまうかもしれません。

この問題を知る一流のビジネスパーソンは、違う文化の人たちと上手く話をする方法を積極的に学んでいます。ただし、たとえばアメリカ人がアジア人のような控えめな態度を、アジア人がアメリカ人のような陽気な態度を単に表面的に真似をしても、必ずしもよい結果は期待できません。

「遺伝」と「社会」が別のパーソナリティを要求した場合

同じような文化的違いは、協調性や誠実性などにも見られます。

おかしなことがあれば文句を言うことが当然と見なされている文化もあれば、ちょっとばかり不条理なことがあっても黙っておとなしく振る舞うことがよしとされる文化もあります。真面目に働くことが美徳とされる文化もあれば、その日を笑顔で楽しむことを大切にする文化もあります。

このような社会的動機が私たちの行動に及ぼす影響は、遺伝的動機と同じように強く、広範なものなのです。

この二つの動機が対立することもあります。自己主張が強く、集団内で目立とうとする生物学的な傾向は、「おとなしく周りと同じ行動をする」という社会的規範や、親からの「目立った振る舞いをして家族に迷惑をかけないで」というプレッシャーと衝突します。

逆に、生物学的に自己主張が強い人は、積極性を重んじる家族のもとでは、生まれ持った特性を肯定的に受け入れてもらいやすくなります。

再びステファニーとマーカスのことを考えてみましょう。

ステファニーのパーソナリティは、社会的な側面から説明できます。幼い頃に家族がニューヨークに移住して以来、彼女はたとえ人からどう思われようとも、自己主張することが重要だという環境で育ちました。そして、ステファニーの場合は、生物学的にも協調性が低いと考えられます。この生得的な特性は、社会的な環境によってさらに強化されたのでしょう。それだけに、感謝祭のときに彼女が家族に見せる優しい態度は、意外なものだと言えます。

マーカスのパーソナリティも、社会的動機によってある程度説明できます。マーカスは生後3カ月のときに、騒々しく外向的なフランス系カナダ人の大家族に養子にとられました。このために、生物学的には内向型のマーカスは、外向型と内向型のパーソナリティの両方を自分の中に取り入れる方法を見つけなければならなかったのです。

個人的動機――目標のために別人を演じる

三つ目の動機は、私が「個人的動機」と呼ぶものです。

これは、私たちが生活の中で追求している計画や目標（パーソナル・プロジェクト）と深く関連する、その人固有の動機です。

遺伝的動機は生まれもった自然な行動を、社会的動機は社会の規範に従った行動を導くと言えます。しかし、個人的動機が導く行動は、傍目にはその理由がわかりません。

レストランでウェイターにステーキを何度も突き返している男性の意図は何なのでしょうか？　マーカスがライブハウスで陽気に騒ぐ理由は？　ステファニーが感謝祭の休日に優しく振る舞う理由は？

これらの疑問に答えるために理解しなければならないのが、変化するパーソナリティの一面である「自由特性」です。

パーソナル・プロジェクトとは、私たちが日常生活で取り組んでいるさまざまなプロジェクトのことで、木曜の朝に犬の散歩をするといった些細なものから、人生最大の夢といったものまで実にさまざまです。

ステファニーを例にとりましょう。彼女は普段、極めて気難しい人物です。協調性のスコアは低く、他人とも対立しがちです。友人や同僚、家族は、普段のステファニーのぶっきらぼうな態度に慣れています。それだけに、感謝祭での優しい振る舞いには、誰もが驚かされたのです。

しかし、家族がそのときに知らなかったことがあります。ベンチャー企業の経営を任されたステファニーは、感謝祭の後に、オーストラリアに赴任することになっていたのです。期間は3年。その間は、めったに帰省できなくなります。

彼女の娘は、そのとき妊娠6カ月でした。ステファニーは、家族と遠く離れたシドニーで仕事をしているあいだに初孫を迎えなくてはならなくなったことに、心を痛めていました。そして、物静かで思慮深い義理の息子や、その両親と感謝祭で会うことに、思いを巡らせました。これまで彼らには、気を遣わせてばかりでした。しばし熟考した後、ステファニーは「感謝祭のあいだは、優しい母親になる」と決意したのです。何も知らずにこの数日間の彼女の楽しそうな様子を見た人は、ステファニーは非常に協調性が高い人物だと考えるでしょう。

このように、普段とは違った行動を導くのが、「自由特性」なのです。

「愛」と「プロ意識」が人を変える

マーカスも、パーソナル・プロジェクトに取り組むことによって、自由特性に導かれた行動をとるようになりました。彼は遺伝的には内向型であるにもかかわらず、将来は音楽プロデューサーという職業に就きたいという情熱を持っていました。

この仕事は基本的には彼の趣向に合っていました。なにしろ、好きな音楽なら何時間でも聴いていられたし、音楽を聴いているあいだは、誰とも話をしなくてもすむからです。

しかし、才能あるミュージシャンを発掘したり、インディーズのレコードを制作したりするためには、大勢の人を相手にした外向的な振る舞いが求められます。

仕事相手は、マーカスのことを根っからの外向型人間だと思うかもしれません。しかし正確には、重要なパーソナル・プロジェクトを推進するために、マーカスは外向型を装っていたのです。

なぜ人は、自由特性に導かれた行動をとるのでしょう?

多くの理由がありますが、重要なのは「プロフェッショナリズム」と「愛情」です。

気難しいところはありつつも、家族を深く愛しているステファニーは、普段の自分とは違う行動をとることで、その愛を表現します。

マーカスの仕事は、プロとして、ミュージシャンやスポンサーにいい刺激を与えることも含まれています。遺伝的には室内で静かに読書や音楽鑑賞をすることが好きな内向型であるにもかかわらず、マーカスはこのプロフェッショナリズムに従って、仕事場では陽気かつ快活に振る舞い、音楽業界で高い評価を得ているのです。

キャラクターから「出る」

このように、私たちの日々の行動を導く三つの動機（遺伝的動機、社会的動機、個人的動機）について考えるとき、「自然な行動」とはいったい何を指していると言えるでしょうか？

遺伝的な気質に基づく行動は、文字通り自然な行動だと見なせます。それでは、ステファニーの感謝祭での優しい態度は、「不自然」なのでしょうか？

彼女は、大切なプロジェクトを実行する（しばらく疎遠になる家族との絆を深める）ために、普段とはかけ離れた行動をとりました。こうした行動は、〝キャラクターから出た行動〟と呼ぶことができます。このフレーズには二つの意味があります。

一つは、文字通り普段のキャラクターとはかけ離れた行動をすること。もう一つは「潜在的に持っていた性質が、表面に出る」ことです。

つまり、キャラクターから出るということは、「普段とは異なる行動をとる」と同時に、

「潜在的な特性を表に出す」ことでもあるのです。自分にとって非常に大切なプロジェクトを実現するために、です。

たとえば、母親が娘の6歳の誕生日パーティを開くとします。自宅には、娘の友だちを15人招待します。遺伝的に内向型の母親は、パーティがうまくいくかどうかが不安です。しかし、娘のために素晴らしい誕生会にしてやりたいと思っています。内向型の母親にとって、子どもの誕生会ゲームを取り仕切るのは気恥ずかしいものです。しかし、彼女はそれを行い、参加した子どもたちも大いにそれを楽しみました。

では、この母親は、偽の自分を演じたのでしょうか？

そんなことはありません。誕生会が終わって子どもを迎えに来た他の母親たちは、帰りの車の中で、彼女がいつもとは違うように振る舞っていたと言うでしょう。ＰＴＡや地域の集まりでは、静かで落ち着いた人だと思われているからです。しかしこの日の午後、彼女は陽気で溌剌《はつらつ》とした態度で子どもたちを喜ばせ、他の親を驚かせたのです。

彼女は、「いい母親であること」という観点から、「娘のために素晴らしい誕生日パーティを開く」というパーソナル・プロジェクトを計画し、それを実行しました。普段とは違う振る舞いをしましたが、それは心の奥にある娘への愛情深さから生じた、「潜在的な特性」の表れであるとも言えるのです。

再び、「自然な行動とは何か」について考えてみましょう。

カラオケバーで熱唱する男性を見たとき、私たちは彼にどんな印象を抱くでしょうか？「この男性は典型的な外向型で、いつもこんなふうに歌っている。彼にとってはこれが自然な行動に違いない」と思うのではないでしょうか。

しかし、子どもの誕生日パーティで陽気に振る舞う母親も、「自然な」振る舞いをしていると言えるのです。彼女は最愛の娘の誕生日パーティで、その愛を表現するために「陽気で社交的な母親」という社会的なモデルに従ったのです。

私は、遺伝的、社会的、個人的な動機に従って行動することは（この三つの動機は競合することもあります）、すべて自然なことだと考えます。これらは、「幸福」のために私たちが自ら選択して行動している成熟した人間の姿なのです。

「遺伝的パーソナリティ」と「環境」が一致すると成功する

自分を場面に合わせて変化させることには、パーソナル・プロジェクトを進めるという人生を有意義にする大きなメリットがあります。

単純に生まれ持った遺伝的な性質に従いたいと思う人もいるかもしれません。確かに、誠実性、協調性、情緒安定性、開放性、外向性のスコアが遺伝的にすべて高い人は、これらの価値が評価される社会では上手くやっていくことができるでしょう。では、スコアが低い人たちは、一生辛い人生を送ることになるのでしょうか？

しかし実際には、人生ではいつも普段通りの自分でいられるわけではありません。そのときに力を発揮するのがさきほどご紹介した「自由特性」と呼ばれる「変化できる性格」です。もとの性格と違う自分を演じることは、自分を偽るというようなことではなく、私たちの可能性を広げてくれる、意義のあることなのです。

ただし、注意があります。長期間にわたって本来の自分と違うキャラクターを装うと、心身に負荷がかかることがあるのです。これを裏付ける研究結果もあります。

私たちの生活の質は、環境に大きく左右されます。生まれ持ったパーソナリティが環境に合っていれば、幸福度も高まります。パーソナル・プロジェクトには、それに適した環境が重要です。私の研究でも、社交的な人は社交性が求められるプロジェクトに従事している場合において、強く幸福を感じることがわかっています。

１９６０年代後半、オックスフォード大学で私の心理学のクラスを受講していたピーターという学生がいました。パーソナリティ検査の結果は、ピーターが典型的な外向型であることを示していました。

しかし、じつはピーターは大学に来る前、人里離れたベルギーの修道院で修道士として沈黙を重んじる暮らしをしていました。生まれ持った外向的な特性と、修道院という環境の関係を考えると、その環境は、ピーターにとって大きなストレスになっていたと思われます。実際、彼は修道士としての人生に疲れ、学者としての道を歩もうとして大学に入学してきたのでした。幸いピーターはその後、本来の特性を活かせる教育学の教授になり、大きな成功を収めています。

このように遺伝的な気質と社会的な環境が一致すると、よりよい結果につながります。逆にミスマッチがあると、リスクが生じます。協調性が低い人はカウンセラーには向いていないでしょうし、開放性が高い人は、郊外よりもニューヨークに住みたいと思うでしょう。

別人を演じることの代償

ここ10年ほどのあいだに、客室乗務員の愛想が以前ほどよくなくなったと思ったことはないでしょうか？　航空会社の研修マニュアルでは、長年、客室乗務員に「感情を表に出さず、いつでも笑顔を浮かべること」を求めてきました。イライラしたり、虫の居所が悪かったりしても、乗客の前では身なりを整え、にっこりと微笑んでいなければならなかったのです。

現在は、客室乗務員に以前のような愛想のよさは求められなくなってきました。とはいえ、今でも航空会社によっては、客室乗務員は乗客に軽食を手渡したり、救命胴衣の着用方法を説明したりするときに、常に笑顔を保つべきだという考えは残っています。

生まれつき愛想のいい外向的な客室乗務員なら、この職業上の要件にさして苦労は感じないでしょう。しかし研究によれば、日常的に生まれつきの性格を抑えた行動をとっているると、自律神経が覚醒した緊張状態に陥り、慢性化すると健康に悪影響を生じやすくなることがわかっています。

ジェイミー・ペンネバンカーらによれば、個人にとって大きな問題（幼少期に体験したつらい出来事など）を抑制してきた学生は、自律神経の覚醒レベルが慢性的に高く、健康上の問題を抱えやすくなるそうです。しかし、問題を誰かに告白すると、自律神経の覚醒レベルが下がって安定することもわかっています。

問題を告白すると、最初は覚醒レベルの上昇が見られます。それまで秘密にしていたことを誰かに伝えるのは、簡単ではないからです。しかし、その後は覚醒レベルが低下し、告白前よりも低いレベルで安定します。つまり、告白をした人は、免疫システムの向上などの理由によって、以前よりも健康になるのです。

協調性が高い女性が、職場の法律事務所では本来の気立てのよさを押し殺し、相手に対して強気の態度をとることを求められているとします。彼女の自律神経の覚醒レベルは高まり、動悸や発汗、筋肉の緊張などが生じます。さらに、法律事務所内に「心身の悩みについて話すのは、プロとして相応しくない」という企業文化があると、この悪影響はさらに増大します。

問題は他にもあります。

ダン・ウェグナーによる有名な研究は、思考を抑制するとどうなるのかについて、説得力のある証拠を示しています。それは、「白クマについて考えないようにすると、ますます白クマについて考えてしまう」というものです。ウェグナーはこの刺激を、「皮肉なプロセス」と呼びました（これを読んだために、白クマのことが頭から消えなくなってしまった人は、緑色の猫について考えないようにしてみてください）。

私は、自由特性にも同じことが当てはまると考えています。つまり、本来の自分を抑制しようとすることで、かえって本来の自分が漏れて出てしまう場合があるということです。

次のライブについての交渉をしているマーカスにも、内向型の特性がわずかに漏れることがあります。たとえば、強気な口調がわずかに途切れる瞬間や、相手の弁護士の目を見る視線がかすかにそれるときなどです。

家族に優しく接するという決意をしたステファニーも、娘が孫につけようとしている風変わりな名前を少々きつい文章でたしなめるメールを、夜遅くに送ったかもしれません（数年後、へんてこりんな名前をつけられずにすんだ孫は感謝してくれるでしょうが）。

「回復のための場所」を見つける——本当の自分に戻る時間

こうしたデメリットを減らすために役立つのが、「回復のための場所」を見つけることです。これは、普段と違う行動がもたらすストレスから逃れ、「本来の自分」としてありのままに過ごせる休息所のようなものです。私自身の例をあげましょう。

内向型の私は刺激に敏感で、人と接する機会が多いとすぐに限界がきてしまいます。こうした刺激を楽しんでいないわけではありません。ただ、そのような状況が続くと、パフォーマンスが下がってしまうのです。

私はもう何年も、カナダのオンタリオ州にあるカナダ王立軍事大学を定期的に訪れ、将校たちを相手にパーソナリティ心理学の講義をしています。

たいてい前日の夜に現地入りし、翌日は午前中に3時間、昼食を挟んで午後に3時間と、丸1日かけて講義をします。聴講者を強く惹きつけるためには、早口で、勢いよく、対話形式で、典型的な外向型のスタイルをとって講義を進めなくてはなりません。このため、午前中の3時間のセッションを終えると神経が高ぶってしまい、仕切り直して午後の講義に臨むためには、クールダウンしなければなりません。

午前中の講義の後、ランチタイムになります。私はこのときに覚醒レベルを下げたいのですが、将校たちは私を賑やかな昼食の席に招待しようとします。何度か誘いに応じて将校たちと昼食を共にしましたが、すぐにそれが午後の講義の質を落とすことにつながると気づきました。

そこで私は、昼食時間に、ひとりでキャンパス近くにある川沿いを散歩することを思いつきました。川を行き来するさまざまな船を眺めたいという口実です。もちろん本当の目的は覚醒レベルを下げることでした。

この作戦は、2年ほどうまくいきました。しかし、キャンパスが別の場所に移動してしまったために、新たな隠れ場所を見つけなくてはならなくなりました。

そこで私が見つけた理想的な場所が、トイレです。午前中の講義を終えると、私は男子トイレの奥の個室にこもり、神経を鎮めて午後の講義に備えるようになりました。

しかしある日、この隠れ場所の安息が破られてしまったのです。

午前中の講義を終え、昼休みにいつものように個室にこもって神経が鎮まっていくのを感じていると、いかにも外向型の人間が立てそうな騒々しい音と共に、一人の男性が勢いよく私の隣の個室に入りました（私はドアの隙間からその様子を観察していました）。

彼は個室に入る前に、私の個室の前で一度立ち止まりました。そのとき、ドアの下の隙間から、軍服ではない私のズボンが見えたはずです。おそらく、中にいるのは私だと勘付いたのでしょう。私はせっかく鎮まりかけていた神経が、再び急激に高ぶっていくのを感じました。隣の個室から、騒々しい音が聞こえてきます。私たち内向型は、あんなふうに隣の人に気兼ねなく用を足したりはしません。音を立てないように、途中で水を流すことさえあります。彼はしゃがれた声でこう言いました。「そこにいるのは、リトル博士ですよね？」

外向型の彼は、トイレの個室にいながらにして、私と雑談をしたがっていたのです！トイレの個室にいるときに隣から世間話を求められることほど、内向型の便意を喪失させるものはありません。もちろん、私の覚醒レベルはこれ以上ないくらいに上がっていました。言うまでもなく、トイレでの壁越しの長々としたおしゃべりで消耗したその日の私は、午後の講義で精彩を欠いてしまいました。

それ以来、私は講義当日の昼休みに、隠れているのを誰かに見つからないようにするための新たな作戦を実行するようにしています。ですので、もしあなたが休み時間に私と話をしようとトイレを捜しても、私の姿は見当たらないでしょう。

とはいっても、私はトイレの個室にいます。ただし、下から覗くズボンで私が中にいると判断されないように、足を高く上げているのです。

我慢したら発散する

回復のための場所は、外向型を装っている内向型だけのためのものではありません。それは、内向型を装っている外向型にも必要なのです。後者に必要なのは、静かな隠れ家ではありません。再び外向的に振る舞える場所が必要なのです。

この章の冒頭で触れたアリゾナ州での講演会場に戻りましょう。〝講義モード〟にスイッチを切り替えた私は、パーソナリティ特性とは何か、それが私たちの幸福度にどう影響しているかを、「擬似外向型」として情熱的に説明したうえで、「変化する性格的特性」や「キャラクターから出る行動」「回復のための場所」についても説明しました。そして、講演が終わった後でトイレに隠れている私を追いかけてこないように、という冗談で締めくくりました。

講義後、荷物をまとめて会場を出ようとすると、ドアのところで男性が私を待っていました。彼は私に近づくと、単刀直入に言いました。

「リトル教授、あなたのパーソナリティ検査によると、私は非常にまずい状況にあることになります」

「そうは見えませんがね」。私が言うと、「いいから聞いてください」と彼は勢い込んで話し出しました。男性は、検査によれば協調性が相当に低く、それは疑いようがないということでした。そして、つい先日まで、病床の母を2週間つきっきりで看病し、臨終を看取ってきたのだと教えてくれました。母親といるとき、彼は普段とはうってかわって、優しく、愛情に満ちた態度をとりました。「それはまったく、〝キャラクターを出る行動〟でした」。彼は私が講義で使った用語を使って説明しました。

「もしあなたが正しいなら、普段と違う行動を2週間も続けた私は、相当にストレスを感じているはずです。姉も私と同じように母を看病し、その死を悲しみましたが、精神状態は私よりもはるかに安定しています。もともと協調性が高い姉は、普段通りの振る舞いをしていることで、私のようにストレスを感じなかったのだと思うのです。一方私は、完全に意気消沈しています。私には、どのような回復のための場所が相応しいのでしょうか?」

私は興味をそそられました。それまでの変化する特性の研究対象は、「擬似外向型」が中心でした。しかしこの男性は、一定期間、「擬似的に協調性の高い行動」をとることの影響について私に尋ねてきたのです。私は彼の上着にレクリエーション・ホッケーリーグのロゴがあるのを見つけ、プレーをしているのかと尋ねました。

「ええ」彼は答えました。

「試合では、相手に思い切りぶつかることは許されていますか?」

「はい」

「じゃあ、その荒っぽいホッケーの試合に出場して、思い切り暴れることが、あなたにとっての回復のための場所になるかもしれませんね」

「審判に、自分が暴れるのは治療のためだと言ってもいいですか?」

「もちろん」

生まれつきの性格か、誰かのための性格か

私は、変化する性格的特性には道徳的な要因もあると考えています。

私たちがキャラクターの外に出るのは、「大切にしているもの」があるからです。人間は、生まれ持った性格に従って行動するときに力を発揮することもありますが、愛情やプロ意識から普段とは違う行動をとることで、個人や職業人としての責任を果たそうとするのです。

しかし、そこには代償を払う必要もあります。この代償を減らすために、本来の自分に戻るための「回復のための場所」をつくることを、すべての人に提案したいと思います。つまりそれは、自分だけでなく、癒しを求めているすべての人が回復の場所を必要としていることを理解し、見守ってあげるということです。

たとえばあなたの社交的な妻が、人とほとんど接しない2週間の仕事を終えた後で、週末に女友だちと夜の街に繰り出したとします。彼女が遊びに行ったのは、あなたを愛していないからではありません。本来の外向型の自分を回復させようとしているのです。彼女は自分が回復し、機嫌よくなれば、いい妻でいられることを知っているのです。

同じく、内部監査のような仕事で、嫌な人間を演じなくてはならないが、本来は優しく

て感受性の豊かな男性の場合は、週末には仕事を離れて、自分を解放させる時間を持つべきです。

この章は、個人的なメッセージで終わりにしたいと思います。

五つのタイプの因子のスコアを、必要以上に深刻に受け止めるべきではありません。また、スコアは他の人に教えないようにしましょう（残念ながら、外向型の人は、すでに大声で周りに自分のスコアを知らせてしまっているかもしれませんが）。

なぜならあなたは、数字で表されるよりも、もっと繊細な存在だからです。他人には、あなたにとって大切なプロジェクトや、目標に向かって継続的に取り組んでいること、将来の夢などを話しましょう。大切な何かに意識を向けることで、固定的な特性や、戦略的な自由特性を、異なる視点でとらえられるようになります。

もしかして、パーソナリティ特性の観点からは、あなたは「情緒安定性の低い、内向型」と定義されるかもしれません。しかし、そのような描写には限界がありますし、本当のあなたを正確に表すものではありません。

私は、人はもっと自由な存在だと信じています。キャラクターの外に出て行動し、変化する特性を使い分けることで、人は大切なプロジェクトを進めることができ、さらなる幸福を追求することができるのです。

第4章
「タマネギ」か「アボカド」か
――場に合わせるか、信念に従うか

いつでも同じように見える人と、状況に応じてカメレオンのように変わる人がいるのはなぜでしょうか？

あなたは葬式で、「葬式の参列者」らしく振る舞えますか？

バーベキューでは、「バーベキューを楽しむ人」らしく振る舞えますか？

それとも、バーベキューで陽気に騒ぐ人たちから、「葬式にいるみたいに暗い人」と思われていますか？

まずは、SMテストを実施してください。SMといっても、あのSMではありません。「セルフモニタリング」の略です。

あなたのセルフモニタリング・テスト

以下の文は、さまざまなシーンにおける「反応」を表したものです。各文について慎重に検討し、文の内容が当てはまることが多い場合は「○」、当てはまらないことが多い場合は「×」と回答してください。

1 他の人の行動を真似ることは苦手だと思う。
2 人の集まる場で、他の人を喜ばせるようなことをしたり、言ったりしようと思わない。
3 確信を持っていることしか主張しない。
4 あまり詳しく知らないことでも、とりあえず話をすることができる。
5 自分を印象づけたり、その場を盛り上げようとして演技しているところがあると思う。
6 たぶん、いい役者になれるだろうと思う。
7 グループの中では、めったに注目の的にならない。
8 場面や相手が異なれば、まったくの別人のように振る舞うことがよくある。

9　他の人から好意を持たれるようにすることが、それほどうまいとは思わない。
10　自分自身は「いつも見た目どおりの人間」ではないと思う。
11　他の人を喜ばせたり気に入ってもらうために、自分の意見ややり方を変えたりしない。
12　自分には、人を楽しませようとするところがあると思う。
13　これまでに、ジェスチャーや即興の芝居のようなゲームで、うまくできたことがない。
14　いろいろな人や場面に合わせて、自分の行動を変えていくのは苦手である。
15　集まりでは、冗談を言ったり話を進めたりするのを人にまかせておく方だ。
16　人前ではきまりが悪くて思うように自分を出すことができない。
17　いざとなれば、相手の目を見ながらまじめな顔をして嘘をつける。
18　本当は嫌いな相手でも、表面的にはうまく付き合っていけると思う。

採点方法：以下の○×と、自分の答えが一致するものに◎をつけてください。最後に◎の数を合計したものが、あなたのセルフモニタリング尺度のスコアになります。

1× 2× 3× 4○ 5○ 6○ 7× 8○ 9×

10 ○
11 ×
12 ○
13 ×
14 ×
15 ×
16 ×
17 ○
18 ○

スコアが高いほどセルフモニタリングが高いことを意味します。

セルフモニタリングが高い人は、人からどう見られているかを気にし、状況に合わせて振る舞います。低い人は、人からどう見られているかを気にしないので、状況ではなく自分の価値観に従います。

人目を気にせず自分に正直に振る舞うのと、相手の気持ちを察して振る舞うのとでは、どちらが実りある人間関係につながると思いますか？

または、場の雰囲気を読んで行動するのと、周りのことは気にせずに自分を貫くのとでは、どちらの態度が仕事で効果を発揮するでしょう？

先の質問数が多すぎて面倒くさいという場合は、簡単な方法を紹介します。誰かがあなたの目の前に立っているとして、その人から「指で額にアルファベットの〝Q〟を書いてください」と言われたとします。今すぐ、額に〝Q〟を書いてみてください。

あなたは、〝Q〟の下の出っ張りの部分を、自分から見て右側（相手から見ると〝Q〟は逆さまに見える）に書いたでしょうか？　それとも、自分から見て左側（相手から見て実際に〝Q〟に見える）に書いたでしょうか？

そう、前者はセルフモニタリングが低く、後者は高くなります（もし〝Q〟以外の文字を書いた天《あま》の邪鬼《じゃく》な人がいたとしたら、少なくとも協調性が低いとは言えるかもしれません）。

私たちを動かしているのは「状況」なのか「性格」なのか

セルフモニタリングについての考察を始める前に、まずその背景を説明しておきます。

1968年、当時スタンフォード大学教授だったウォルター・ミシェルの著書『Personality and Assessment』が刊行され、パーソナリティ研究に大きな波紋が広がりました。

ミシェルは、それまで考えられてきた「人間は一生変わらない性格に導かれて行動しており、それはどんな状況においても一貫している」という従来の仮説を、根底から見直すべきだと主張したのです。

さらに、人間の行動を社会認知的な側面から説明しようとしました。すなわち「人間の行動は、その場の状況と、それをどう解釈するかによって説明できる」というものです。

その後、人間の行動を巡って「性格を重視するパーソナリティ心理学」と、「状況を重視する社会心理学」のあいだで議論が起こりました。この議論には対立的な側面もありましたが、結果として両陣営の理論に大きな進展をもたらしました。

最大の共通理解は、性格と状況の「相互作用」こそが、行動をもっとも適切に説明するものだということです。また、人が「日常的に従事している行動（パーソナル・プロジェクト）」も注目されるようになりました。

心理学者は、これらのパーソナル・プロジェクトを研究することによって、パーソナリティ心理学と社会心理学の両方の研究成果を統合しようとしています。4章と5章では、この点について詳しく見ていきます。

どんな状況でも一貫している「セルフモニタリングの低い人」

SMテストの開発者であるマーク・スナイダー教授は、この「性格か状況か」議論に対するクリエイティブな答えを示しました。

セルフモニタリング・スコアが高い人の行動は「状況」に、セルフモニタリング・スコアが低い人の行動は「性格」に、大きく影響されていると主張したのです。この主張の有効性は証明され、さまざまな人間行動で考察されるようになりました。その中には、「食べ物に塩を振るタイミング」といった、いささか意外なものもあります。

では、あなたに質問です。ステーキを食べるとき、塩を振る前に、最初の一口を食べますか？　それとも、食べる前に、塩を振りますか？

スナイダーは、セルフモニタリングが高い人は、塩を振る前にステーキを一口食べる傾向が、セルフモニタリングが低い人は最初に塩を振ってからステーキを食べる傾向があることを明らかにしました。セルフモニタリングが低い人は、自分好みの塩味をよく知っており、セルフモニタリングが高い人は、状況に従う（ステーキの味によって行動を決める）からです。

別の食べ物を比喩に使ってみます。私たちは、自分自身を「タマネギ」と「アボカド」のどちらだとイメージしているでしょうか？　自分について語るように求められたとき、セルフモニタリングが高い人は、身体の特徴や社会的地位、自らが果たしている役割など、はっきりと目に見える特徴や属性を、一方のセルフモニタリングが低い人は、価値観や趣向、性格をあげる傾向があります。

つまり、セルフモニタリングが高い人の自己概念はタマネギ（幾層にも皮が重なっているが、めくっていっても中心となる核のようなものはない）、一方、セルフモニタリングが低い人はアボカド（中に硬い核のようなものがある）に喩えることができるのです。たとえばあなたの同僚のエリザベスはタマネギ型です。エリザベスは状況に応じていくつもの顔を持っているので、あなたにはどれが本当の彼女なのかがよくわかりません。

逆に、友人ダグはアボカド型です。ダグは、場に自分を合わせたりはしません。ダグの中心には硬い核のような、いつも変わらない彼がいます。そのため、融通が利かないと言われたりすることもあります。

前述したように、人は大切なプロジェクトを進めるためなら、生まれ持った性格とは違う行動をとることがあります。セルフモニタリングが高い人は、このような「キャラクターの外に出る」行動が得意ですが、セルフモニタリングが低い人は、そのような行動をしなければならない理由をうまく理解できません。

この章では、セルフモニタリングの傾向が、仕事上や人間関係など、私たちの人生にどう影響しているかについて考えていきます。この問いを突き詰めると、価値観の問題に直面します。すなわち、「人生をどのように生きるべきか」という問いです。

本来、科学はそのような問いに答えるためのものではありません。しかし、パーソナリティ心理学は、自分の価値観を考察するうえでの大切なヒントを与えてくれます。

まずは、次の二つの質問を考えてみましょう。

「配偶者や恋人にするなら、セルフモニタリングが低い人？　それとも高い人？」

「国のリーダーには、セルフモニタリングが低い人と高い人のどちらがいい？」

「場の空気」に敏感な「セルフモニタリングの高い人」

セルフモニタリングが高い人は、場の空気に敏感です。それゆえに、場にふさわしいと思われる行動をとれるかどうかが、とても重要だと考えます。このことをよく示す実験があります。それは、学生の被験者に、「パーティに行って、たくさんの人と話すミッションに参加するかどうか（外向型として振る舞うべき状況に参加するかどうか）」を選ばせるというものです。

セルフモニタリングが高い学生は、自らが外向型か内向型かにかかわらず、状況とやるべきことが明確な場合に参加を選ぶ傾向が見られました。一方セルフモニタリングが低い学生は、自らが外向型の場合にのみ、参加する傾向が見られたのです。

どのような状況であれば参加したいかと条件を尋ねると、セルフモニタリングが高い人は「どのように振る舞えばいいかが明確な状況」、低い人は「自らの外向レベルに合った状況」と回答しました。

セルフモニタリングが高い人は、ググるのが好き？

これらの研究結果から見て、私はセルフモニタリングが高い人はグーグル検索が好きなのではないかと考えています。すなわち彼らは、特定の状況に足を踏み入れる前に、どのような振る舞いが求められる状況なのかネットで下調べをして、疑問や不安をクリアにしようとするのではないか、と。

就職の面接を考えてみましょう。志望者はたいてい、その企業の情報を調べようとします。しかしセルフモニタリングが高い人の場合は、とくにそれが徹底しているはずです。私は実際グーグル検索をして、志望企業の情報や、さらには面接官の出身校や趣味、SNSアカウントまで調べた学生の例を知っています。このような事前調査をした学生は、面接官に興味を持ってもらえるように話を持っていけるでしょう（人によっては気味が悪いと思うかもしれませんが）。

一方セルフモニタリングが低い人は、服装や話し方、自らの表現方法については心配しません。なぜなら、本来の自分の性格や趣向、信念に従うこと以外に選択肢がないからです。

これまで見てきたように、セルフモニタリングが高い人は、状況が明確であることを望みます。私の経験でも、彼らは何が起こるか、どのように振る舞えばいいかがわからない状況に置かれると、強くストレスを感じます。

同僚から電話があり、明日のディナーパーティに誘われたとします。セルフモニタリングが低い人は、誘ってきた同僚をどう評価しているかに応じて、出席するかどうかを決めようとしますが、セルフモニタリングが高い人は、「他に誰が来るのか」「パーティは堅苦しいのか、ラフな感じなのか」「手土産は必要か」「パーティの目的は何か」などを知ろうとします。

別の例で考えてみましょう。今、私の助手があなたの家のチャイムを鳴らし、「心理学の研究で必要なので、暮らしぶりを見るために部屋の中を見せてください」と言ったとしたら、あなたは助手を玄関先で待たせている数分間に何をしますか？　このような場合でも、セルフモニタリングのスコアによって対応に違いが生じます。

低い人は、当惑しつつも自宅は自分の性格や趣向が表れる場所であり、それ以上でも以下でもないと考えて、とくに取り繕ったりはしません。

しかし高い人は、少しでも家の中がよく見えるように、慌てて物を動かしたり、だらしない暮らしをしていると思われないように片付けたりします。

セルフモニタリングが高い人にとって、平日の夜に事前の連絡なく突然知人が訪ねてくるのは悪夢のような体験になりますが、低い人は平然と突然の訪問者を受け入れることがあります。

イベントによって誘う友人を変える人、好きな友人を誘う人

人間関係について考えてみましょう。セルフモニタリングが高い人は、イベントなどにでかけるときには、「誰を誘うか」にとても敏感です。

たとえば、友人を誘って二つの集まりに行こうとしているとしましょう。一つはアラバ

マ州でのフットボールの試合の後に行うカジュアルなビールパーティ。もう一つは、ニューヨークのジュリアード音楽院でのバレエ鑑賞後の夜会です。

心当たりのある友人は2人います。1人はアラバマ大学のフットボールチームの大ファンで、ビールが大好き。もう1人は、ニューヨーク市に住むチェリストで、ジュリアード音楽院の学生と付き合っています。この場合、セルフモニタリングが高い人にとっては、どちらに誰を誘うかはすぐに決まります。

しかし、ここで問題を少し難しくしてみましょう。2人の友人のうち、あなたがフットボールファンの友人の方がとくに好きだとしたらどうでしょうか？

実験は次のような結果を示しています。セルフモニタリングが高い人は、どちらの友人を好いているかにかかわらず、それぞれ「集まりに相応しい友人」を選びます。でも、低い人は、両方の集まりにフットボールファンの友人（より好きなほう）を誘ったのです。

セルフモニタリングが高い人にとって、洗練された夜会に熱狂的なフットボールファンを連れて行くのも、駐車場での荒っぽいビールパーティに音楽家を連れて行くのも、どちらも気が引けるものです。

しかし、セルフモニタリングが低い人にとっては、相手が場の雰囲気に合うかどうかより、自分が気の合う人と行くことのほうが重要です。このような違いは、ときに人間関係に摩擦を生じさせることがあります。

恋愛関係が長続きする人、柔軟に相手を変える人

セルフモニタリングの違いによって生じる人間関係の摩擦は、恋愛ではさらに大きなものになることがあります。

恋愛対象候補の経歴と写真を見せられると、セルフモニタリングの低い人は人物紹介を読むのに、高い人は写真を見るのに多くの時間を費やします。また、セルフモニタリングの低い人は相手の人柄や価値観を重視し、高い人は外見や社会的地位を重視するという研究結果もあります。

恋愛関係の安定性にも違いが見られます。セルフモニタリングが低い人は、高い人より恋愛関係が長続きし、離婚や浮気も少ないのです。ポジティブな言葉をつかえば、セルフモニタリングが高い人は「柔軟に」恋愛ができるのかもしれません。しかし、セルフモニタリングが低いパートナーにとって、そのような柔軟さは好ましく思えません。

とはいえ、セルフモニタリングの高い人がすべて不誠実な浮気症だというわけではありません。彼らは、状況に合わせた振る舞いをしているのであり、それがセルフモニタリングの低い人から見た場合、行動に一貫性を欠くと見られてしまうことがあるのです。

20世紀初頭の心理学者ウィリアム・ジェームズの有名な言葉に、「人間には意見の違う

相手と同じ数だけの『社会的自己』がある」というものがありますが、今なら「とくにセルフモニタリングが高い人にそれが当てはまる」と付け加えたほうがいいでしょう。

私は長年の研究の結果、セルフモニタリングの高い人の行動は「社会的」とも呼べるし、低い人はそれを「偽り」と呼ぶこともあると考えるようになりました。このことは、セルフモニタリングの高低が異なるカップルにとって、フラストレーションの原因になることがあります。

その典型例が、休暇中に互いの家族の家を訪問するときです。このような集まりでは、セルフモニタリングの高い人は、さまざまな相手に合わせて会話のスタイルをうまく切り替えることができます。保守的な父親と話すときは保守的に振る舞い、リベラルな叔母と話すときはリベラルに振る舞い、弟と話すときは格好いい年上として振る舞います。

一方、低い人は誰に対しても同じように振る舞います。セルフモニタリングの低い人は、パートナーが相手によって態度や考えをコロコロと変えているように思えて不満を感じてしまいます。一方、セルフモニタリングの高い人も、パートナーに対して、「もうちょっと相手に話を合わせればいいのに」「自己中心的で鈍感だ」というふうにフラストレーションを感じることがあります。

セルフモニタリングが高い人のほうが出世しやすい理由

セルフモニタリングが高い人のほうが、低い人よりも組織内で出世しやすいことを示す研究結果があります。

セルフモニタリングが高い人は集団のリーダーになりやすく、さまざまな役割を果たし、周囲の変化に敏感であることが求められる管理職として、高い評価を得やすいことがわかっています。が、この能力には「微妙なもの」も含まれています。つまり、仕事で失敗したときに自らを正当化し、他者に責任を押しつけることにも長けているのです。

一方このような局面で、セルフモニタリングの低い人は批判の矛先《ほこさき》をうまくかわすことができずに、失敗の責任を全面的に被ることがあります。こうした様子が、周り（とくに同じようにセルフモニタリングの低い人たち）からは「誠実」だと見なされることもあります。

しかし、セルフモニタリングの低い人の態度が、組織内での円滑な人間関係にとってマイナスに作用することもあります。職場で対立が生じたとき、セルフモニタリングの低い人は強硬な態度をとり、自らの主張を曲げないことがあるのです。対照的にセルフモニタリングの高い人は、妥協と連携を通じて対立を解決しようとします。

マーティン・キルダフとデビッド・デイは、「Do Chameleons Get Ahead? The Effects

of Self-Monitoring on Managerial Careers」（カメレオンは出世するか？　セルフモニタリングが昇進に及ぼす効果）と題した論文で、興味深い研究結果を報告しています。

二人は経営大学院の学生のセルフモニタリング・スコアを入学時に測定しておいてから、卒業した後の社会的成功具合を、5年かけて追跡調査しました。

その結果、セルフモニタリングの高い人のキャリアには、はっきりとしたパターンがあることがわかりました。5年のあいだ、転職によって昇進の可能性を高めていること、さらに、同じ会社に勤め続けている場合でも、昇進の割合が高いことがわかりました。彼らは昇進の可能性を高めようとして、自分が上の役職に相応しい人間であることを示すような振る舞いをします。

対照的に、セルフモニタリングの低い人は、会社への強い忠誠心を示し、セルフモニタリングの高い人のように昇進に相応しいような振る舞いを示そうとはしなかったのです。

もちろん、それぞれマイナス面もあります。

セルフモニタリングの低い人の場合は、柔軟性のなさが組織内での反発を招くこともあります。たとえば、チャックは誰からも好かれていて、「トゥイステッド・シスター」のTシャツがトレードマークになっています。しかし、顧客と商談をするときにもスーツではなくTシャツ姿です。そのため、ビジネスパーソンらしくないラフな話し方をする彼のことを、快く思わない人もいます。

セルフモニタリングが高い人の場合は、昇進したいという態度が露骨だと批判されることがあります。セルフモニタリングが高い人は、同僚よりも上司から業績を評価されることを好むという研究結果もあり、とくに同僚からは、でしゃばりで、これみよがしな人間だと見られることがあります。

セルフモニタリングの高い人の昇進へのアプローチは、恋愛でも見られます。つまり、「よく言えば柔軟、悪く言えば軽薄」なのです。

また、セルフモニタリングの低い人が職場の狭い範囲内で少数の人と深い友好関係を築くのに対し、セルフモニタリングの高い人は、社内の大勢の人間と人脈を築く傾向があります。こうした広い人間関係の中で、彼らは中心的な役割を担い、本来なら知り合う機会がない人同士を結びつけることが多くあります。

「要求を理解し、合わせる」という能力

セルフモニタリングの研究では、セルフモニタリングの低い人は、普段と異なる行動をとることに抵抗する「気質」があることが前提になっています。

しかしそれは、セルフモニタリングが低い人たちにその「能力」がないことを意味しているのでしょうか？

パーソナリティを「気質」ではなく「能力」の観点からとらえようとする考えは、心理学の世界ではあまり注目されていません。しかし少ないながら、有益な研究もあります。

この研究では、被験者は2枚のカードを見せられ、そのカードに描かれている内容を物語として説明するよう求められます。1枚のカードは「敵意」を、もう1枚のカードは「性的反応」を喚起するような内容です。

被験者はその後、「できるかぎり敵対的な物語」と「できるかぎりセクシーな物語」を文章にするよう求められます。ここでは「できるかぎりセクシーな物語」として2人の被験者が書いた内容を紹介しましょう。

▼ストーリー1

マーティンは彼女の肩を引き寄せた。彼女の顔を見ているようにも思えたが、実際に見ていたのは胸の膨らみだった。彼は衝動的に彼女の胸をつかむと、ドレスを引き裂き、唇で胸元を舐め、吸い、噛みついた。そして、下の方へと進んでいった。

突然、マーティンは動きをとめた。その瞬間、彼女が喉の奥から深いうめき声を漏らした——彼女はそれを望んでいた。彼女が素早くボタンを外し、彼の手は露わになった彼女の肌をまさぐった。マーティンは彼女を自分の方に引き寄せ、身体じゅうに触れた。

▼ストーリー2

数週間、男と同棲をしていた若い女が妊娠していることに気づき、相談をしに家に戻ってきた。父親は、娘が真面目に学校に通っていると思っていたので、ショックを受けた。しかし、男から本当に愛されていないのなら、結婚しない方がいいと娘にアドバイスした。父親は単なる堅物ではなく、人生にはこんなことも起こりうると理解していた。父親は、娘が「未婚の母」として子どもを育てることは、問題ないと考えていたのである。

本当はどちらの回答ももっと長いのですが、残りは割愛します。

この2人の「セクシーな文章を書く」能力に大きな差があることがわかったのではないでしょうか。ストーリー1の被験者は、ジェイムズ・ジョイスが好きな読書家ではありましたが、エロチックな文章を書くことにまったく抵抗を感じていませんでした。

しかしストーリー2の被験者は、「できるかぎりセクシーな文章を書く」という指示を与えられていたにもかかわらず、情熱的で奔放な性的反応を抱かせるような文章を書けませんでした。

この研究結果から、セルフモニタリングが高い人は、状況に合わせて自分を表現できる「気質」があるだけではなく、そのための「能力」があり、セルフモニタリングが低い人には、状況に合わせて自分を表現できる「気質」がないだけではなく、そのための「能力」もないのではないかという疑問が生じます。

セルフモニタリングが低い人は、普段とは異なる自分を表現するのを好まないように見えますが、「実際にはそうすることを望んでいるが、そのための能力がない」だけかもしれないという可能性は、考慮すべき重要なポイントです。

あるいは、本当はセルフモニタリングの高い人と同じ能力を持っていて、たとえば酔ったときにはその能力を示したこともあるが、普段はいつもと違う自分は表現したくないという気質に従っている可能性もあります。

他にも、セルフモニタリングの高低とパフォーマンス能力の関連性を調べた興味深い研究があります。被験者はセルフモニタリングの高低で構成されたグループに分かれ、即興でコメディの寸劇をするよう求められます。その結果、セルフモニタリングの高いグループのほうが、自己評価においても、第三者においても、いい評価を得ました。

つまり、セルフモニタリングの高い人は、「カメレオン」としてだけではなく「コメディアン」としても優れていることがわかったというわけです。

「自らの原則」と「社会の原則」

私の講義では、セルフモニタリングをテーマに学生同士の熱い議論が交わされることがあります。クラス内のカップルが、お互いのセルフモニタリング値が大きく違うことから議論になって、別れてしまうこともあります（彼らが別れる原因は他にもあると思いますが）。というのも、セルフモニタリングについて考えると、道徳や倫理、価値観など、非常に本質的な話になりやすいからです。

行動やコミュニケーションにおいて、セルフモニタリングが低い人は「原則」を、セルフモニタリングが高い人は「実用性」を重んじるとされています。

セルフモニタリングが低い人は、他にもっといい方法があると思われる状況であっても、哲学者のように頑なに自らの原則に従おうとします。一方セルフモニタリングが高い人は、現実的で実用的なアプローチをとります。普段の自分とは矛盾するかもしれなくても、状況に合わせて行動しようとするのです。ただし、「原則と実用性」というわかりやすい分類をする前に、考慮しておくべき点が二つあります。

一つ目は、この「原則」と「実用性」という一見すると対比的な表現が、実は「同じこと」を指しているとも解釈できる点です。この対比では、セルフモニタリングが高い人は、原則を持たない無節操な現実主義者という響きがあります。しかし、セルフモニタリングが高い人は実用性だけではなく、「他者への気遣い」や「自分より大きなものを受け入れる」といった「原則」に従っていると考えることもできるのです。つまり、セルフモニタリングの低い人は一貫性や率直さ、高い人は気遣いや人との結びつきといった「それぞれの原則」に従っていると考えることができるのです。

二つ目の理由は、どちらの人たちも、極端になると不適合（ときには病的）になってしまうことがある点です。

セルフモニタリング値が極端に低く、状況に応じた行動をとることができない人は、社会不適合者と見なされることもあります。「黒か白か」「善か悪か」といった単純な世界ではいいかもしれませんが、グレーの領域が広く、変化の激しい現実世界では、柔軟に日常生活を送ることが難しくなる場合もあります。「原則に従って一貫性のある行動がとれる」という彼らの長所がマイナスに作用してしまうこともあるのです。

では、セルフモニタリング値が極めて高い場合にも、病的な不適合を引き起こすリスクが生じるのでしょうか？

たとえば、極端に人目を気にしすぎてしまうと、目の前で喋っている相手よりも、鏡に映る自分や、通りかかる人のことばかりを目で追ってしまうことになります。醜形恐怖症とも呼ばれるこの症状は、セルフモニタリングの高い人の極端な形と考えられます。

また逆に、人付き合いは抜け目ないが、相手から搾取するような行動をとる場合もあります。そのなかには、相手を傷付けることもおかまいなしの、サイコパス的な行動も含まれます。

セルフモニタリングの再考で人生観がわかる

セルフモニタリングの研究は、私たちに何を教えてくれるのでしょうか？

一つのメリットは、セルフモニタリングを理解することで、人間関係や仕事における成功について、考察を深めることができる点です。

しかし、これまで見てきたように幸福については複雑です。セルフモニタリングの高低は、どちらもメリットもデメリットもあるものだからです。

たとえばセルフモニタリングの高い人の柔軟さや迅速さは、人間関係を円滑にしたり、社会的な成功につながります。しかし、パートナーや組織へのコミットメントが不足したり、核となる自分がないような感覚を覚えたり、周りから八方美人と見なされることもあります。

同じく、セルフモニタリングの低い人にも、一貫性のある行動やコミットメントの強さによって、他者や組織と長期的な関係を維持しやすいというメリットはありますが、変化の激しい状況にうまく適応できずに、社会的な成功を手にしにくくなるということがあります。

これは、「何を達成したら成功とみなすか」が、人によって異なるからでしょう。

セルフモニタリングの高い人は、柔軟な行動を好むだけではなく、場に合わせて柔軟に対応できることを価値ある行動だと考えています。対照的にセルフモニタリングの低い人は、柔軟性よりも一貫性や正直さに価値を見出しています。

セルフモニタリング度を知ることは、自分が人生のどのような側面に価値を見出しているのかを知るうえでも役立つのです。

しかし、私はセルフモニタリングについての別の見方を示すことで、この章を終わりにしたいと思います。

「セルフモニタリングは性格のようなものである」という前提は、再考すべきです。セルフモニタリングが高かろうと低かろうと、たいていの人はさまざまな状況に応じて柔軟に自分を表現するはずです。誰でも、会社の会議を終えて家に帰れば、真面目な自分からリラックスした自分に切り替えるはずです。つまり人は誰でも、社会的圧力や、状況に応じて振る舞うべきタイミングをよく知っているのです。

だからこそ、振る舞いを選択するにあたって、個人の人生観、「人生をどのように生きたいか」が浮き彫りになるのではないでしょうか。

また、セルフモニタリングは「環境への適応」という側面からもとらえるべきです。セルフモニタリングが高い人と低い人には、それぞれ適した環境があります。

たとえばセルフモニタリングが高い人は、都市部などのさまざまな自己表現が求められる環境には適していますが、伝統的な農村部での生活にはあまり適していません。

農村部では、こうした人は口が軽く、落ち着きのないやっかい者と見なされてしまうかもしれません。このような環境には、セルフモニタリングの低い人が適しているはずです。

こうした、住環境がパーソナリティの形成や幸福感に及ぼす影響については、8章で詳しく説明したいと思います。

第5章 主体的に人生を生きる

――運命はどのくらいコントロールできるのか?

私は、1本の電話で台無しにされないような人生を生きたい。

――フェデリコ・フェリーニ『甘い生活』1960年

現実から目を背けることは、必ず代償を伴う。それが長引くほど、代償は大きく、恐ろしいものになる。

――オルダス・ハクスリー『Religion and Time』1949年

私には哲学者が、愚行や錯覚、欺瞞《ぎまん》、無知と共に生きるほかはないことは不幸でしかないと抗議の声を上げているのが聞こえる。だが、そうではない。それこそが人間なのだ。

――エラスムス『痴愚神礼賛』1511年

これまで見てきたように、私たちの行動や人生は、パーソナリティと環境が相互に影響しあって形づくられています。

しかし、ここで大きな疑問が浮かびます。運命を決めるものは、自分の行動なのでしょうか？　それとも、自分でコントロールできる範疇《はんちゅう》を超えた外部の力なのでしょうか？

「運命はどのくらいコントロールできるのか？」は、古代から現代に至るまで、数千年にわたって熱い議論が交わされてきたテーマです。

心理学はこの問題を学術的、哲学的な側面から解決するために大きく貢献してきました。ただし、パーソナリティ心理学は、これとは少し異なるテーマを研究対象にしています。それは、私たちの「信念」がもたらす影響です。

「人間は運命をコントロールする主体的な存在なのであり、運や偶然はわずかな役割しか果たしていない」という確固たる信念を持っている人もいます。

一方、「いいことも悪いことも、何が起こるかは外部の力によって決まっている」という信念を持つ人もいます。

この重要な問題についてのあなた自身の考えを知るために、次の質問に答えてください。

「自己解決型」と「他者依存型」がわかるテスト

次の文を読み、まったく同意しない場合は「1」、ほとんど同意しない場合は「2」、どちらかというと同意しない場合は「3」、どちらでもない場合は「4」、どちらかといえば同意する場合は「5」、ほぼ同意する場合は「6」、完全に同意する場合は「7」として、1~7のどの数字が当てはまるか考えてみてください。

1　懸命に努力をすれば、たいてい望むものを達成できる。
2　計画を立てたら、その通りに実行できると確信している。
3　純粋な技能を必要とするゲームよりも、ある程度運が関与するゲームの方を好む。
4　決意をすれば、ほとんど何でも学ぶことができる。
5　これまでに成し遂げてきたことはすべて、自分の努力と能力によるものである。
6　達成を目指して努力することが辛いので、通常は目標を設定しない。
7　不運によって、ものごとの達成が妨げられることがある。
8　本当にそれをしたければ、ほとんど何でも可能である。
9　仕事上で起こるほとんどのことは、自分のコントロールを超えている。

10　自分にとってあまりにも難しいことに取り組み続けるのは無意味だと思う。

採点方法

質問1、2、4、5、8のスコアを合計し、それに35を加えます。この値から、質問3、6、7、9、10のスコアの合計を引きます。この数が、あなたのスコアです。若年成人のスコアを基準にした場合、60以上が「自己解決型」、48以下は「他者依存型」とみなされます。

これは心理学用語で「ローカス・オブ・コントロール」と呼ばれるものです。

本書では表現を簡略化するために、問題を自分でコントロールできると考えている人を「自己解決型」、他者や環境に依存する人を「他者依存型」と呼びます。

この「人生をコントロールしているという感覚」は、性格の一部と見なしてもいいくらいに安定して変わらないものではありますが、経験によって変化する場合もあります。

また多くの研究結果では、「自己解決型」のほうが、幸福度や成功に大きくプラスの影響をもたらすことを示しています。

以降のセクションでは、自己解決型であることが他者依存型に比べてメリットになる四つの領域を見ていくことにします。

「流されやすさ」の法則

同調圧力の影響力を証明した、初期社会心理学の有名な実験があります。

被験者は、6人で実験室に入れられ、画面に瞬間的に表示される2本の線が同じ長さかどうかを尋ねられます。

これはかなり単純なテストで、線の長さは明らかにまったく違うものを示しています。しかし、1人ずつ順番に答えを尋ねられると、先の5人は2本の線の長さは「同じ」だと答えていきます。そして、被験者の番になります。

じつは、先の5人の被験者はすべてサクラです。線の長さは明らかに違うのに、同じだと答えるのはサクラゆえです。

しかし、被験者は、明らかに長さが違う2本の線を見て、その長さは「同じ」だと答えました。これは、集団の中にいると、「他のメンバーの意見に同調しなければならない」という強い圧力が働くことが証明された実験です。被験者は、自らの判断が誤っていると知りながらも、集団に同調しようとしていたのです。

しかしその後の研究で、この同調圧力に「耐性」がある人たちがいることもわかりました。そう、それは自己解決型の人たちです。

自己解決型の人は、明らかに長さの異なる2本の線を、他の被験者が同じだと答えるのを見て当惑したはずです。しかし、他者依存型の人が周りの意見に合わせる傾向が見られたのに対し、自己解決型の人には、自ら判断した答えを述べることを躊躇《ちゅうちょ》しない傾向が見られました。

他の実験でも、同じパターンが示されました。別の実験では、学校に導入予定の新しい採点システムに関する2種類のスピーチを聞いた後に、システム導入に賛成するか反対するか、意見を求められます。

スピーチの一つは、穏やかな話しぶりでシステムのよさを主張します。もう一つのスピーチは、強い口調で新システムの導入に賛成しないのは愚かだと主張します。

他者依存型の人は、二つのスピーチのどちらを聞いた後でも、システム導入に賛成しました（とくに強い口調のスピーチの後ではすぐに）。

しかし自己解決型の人は、どちらのスピーチを聞いた後でも意見を変えませんでした。穏やかなスピーチを聞いた後はまったく変化が生じず、驚くべきことに、強い口調のスピーチを聞いた後では、スピーチの内容とは逆の方向に意見を傾けました。これは、自己解決型の人を強引に説得しようとすると、強い反発を招くことを示しています。

「理論」で説得される人、「社会的圧力」で説得される人

自己解決型の人は、単に頑固で、意見を変えるように求められると反抗的な態度をとるのでしょうか？　実験結果は、そうではないことを示しています。

たとえば、他者依存型の人は、とくに「人間」に敏感で、なかでも社会的地位の高い人に影響を受けやすいことがわかっています。一方、自己解決型の人は「メッセージの内容」に敏感であり、内容に説得力を感じれば態度を変えることがわかっています。

エール大学では、喫煙者の被験者たちに対して「肺癌と診断された人」を演じるように求める実験を行いました（被験者は癌に冒された肺のX線の写真まで見せられました）。

その結果、自己解決型の人は、実験後にタバコの本数を減らすか、完全に禁煙していることがわかりましたが、他者依存型の人には、実験の影響は見られませんでした。このことから、自己解決型の人は、論理的に説得されたり、自らの体験（たとえ擬似体験であっても）を通じて問題をきちんと理解した場合は、態度を変えると考えられます。

対照的に、他者依存型の人には、病気や事故などを運命的なものと考える傾向が見られます。健康や幸福度は、運や偶然に左右されると考えているのです。

自己解決型は「計画的アプローチ」で目標を達成する

自己解決型の人は他者の影響を受けにくく（しかも、単に頑なに自分の意見を曲げないのではなく、論理的、体験的に腑に落ちれば意見を変える）、チャンスや運に左右されず、正当な技能に基づいたパフォーマンスに多くの労力を投じることがわかっています。

そして、さらに重大な違いがあります。目標達成において、自己解決型は「事前準備」を、他者依存型は「事後対応」をする傾向があるのです。つまり、自己解決型の人は、目標を達成するために必要な手段を明確にし、事前に計画を立てて準備しようとします。

これを裏付ける初期の研究に、アメリカの学校における成績優秀者を分析したコールマン・レポートがあります。このレポートでは、優れた成績をとるための最大の予測因子は、「知能」や「社会経済的地位」などといった事前に予測された因子ではなく、自己解決思考の度合いであることがわかりました。この研究結果は、自己解決型の人は、他者依存型の人よりも、よい成績をとりやすいことを示唆しています。

この研究は物議を醸すものでしたが、現在でもそれを裏付ける結果が多く見つかっています。とくに経済学では、自己解決型の若者が、学業と仕事面においていい成果をあげていることを示す結果が多く見つかっています。

仮釈放の資格がある囚人を対象にした研究でも、自己解決型の人が事前準備をすることを示す例が見つかっています。自己解決型の囚人は、他者依存型の囚人よりも、刑務所の仕組みや、仮釈放が適用される条件、刑務所長にアピールする方法などをよく理解していました。その結果、他者依存型の囚人よりも、よりよいタイミングと効果的な方法でアプローチでき、実際に仮釈放されていたのです。

「報酬の先送り」をできる子どもが成功する理由

自己解決型の人が生産的な人生を送れる可能性が高いことを示すさらなる理由の一つに、「楽しみを先送りする能力」があることがあげられます。

4歳児を対象にした「マシュマロ実験」と呼ばれる有名な研究があります。

被験者の子どもが実験室に入ると、テーブルの上にマシュマロが載った皿が置かれています。実験者は、「私はこれから実験室を出て、しばらくしたら戻ってきます。もしそのあいだにマシュマロを食べるのを我慢したら、もう一つマシュマロをあげます。それまでにマシュマロを食べてしまっていたら、それ以上はあげません」と伝えます。

実験者は、実験室を出た後、モニターで子どもの様子を観察します。

何人かの子どもは、実験者が出た後すぐにマシュマロにかぶりつきます。躊躇しつつも、結局はマシュマロを食べてしまう子どももいます。実験者が戻ってくるまで待ち、二つのマシュマロを手に入れる子どももいます。

4歳児が悪戦苦闘する様子を観察するのは、それ自体が楽しいものです。マシュマロに鼻先を突きつけてじっと眺める子どももいれば、マシュマロから目をそむけて他のことで気を紛らわせようとする子どももいます。

このうち、もっとも誘惑に屈しなかったのは、マシュマロから気を逸らすことができた子どもたちでした。

この研究の興味深い側面は、数年後にこれらの子どもがどのような人生を送っているかを追跡調査したことです。誘惑に抗い、2個目のマシュマロを手に入れることに成功した子どもたちは、学校の成績もよく、SAT（大学進学適性試験）でも好成績を収めていたのです。

「コントロール」を奪われると、パフォーマンスが大幅に下がる理由

騒音ストレスの実験を紹介しましょう。

被験者は実験室で、簡単な事務作業を行いますが、その際、装着したヘッドフォンから爆音が不定期に聞こえてくるようになっています。いつ爆音がするかはわかりません。人体に危険なほどではないものの、ジェット機のエンジンのすぐ近くに立っているときに

聞こえるのと同じくらい不快なノイズです（実際、これはジェット機のエンジン音です）。また、作業中の被験者の自律神経系の覚醒レベル（血圧、心拍数、発汗など）も測定します。

この不定期の爆音の中で作業を終えると、被験者は他の被験者と一緒に狭い部屋に入れられ、今度は別の作業をするよう指示されます（作業の中には、解決できないものも意図的に含まれています）。他の被験者には、「爆音を聞かされずに作業をした被験者」と、「爆音のタイミングを事前に知らされていた被験者」がいます。

ロックフェラー大学で実施されたこの実験の大きなテーマは、「人間は騒音のストレスに適応できるかどうか」を調べることでした。

結果は明確かつ説得力のあるものでした。

最初のうち、ヘッドフォンから爆音が聞こえてくることで、被験者の自律神経系の覚醒レベルは増加しました。しかし、短時間でノイズに適応し、覚醒レベルも正常に戻りました。

ところが、後続のタスクのときに、ノイズに適応してエネルギーを消耗したことによるマイナスの影響が見られました。爆音を不定期に聞かされたグループには、爆音を聞かされなかったグループと比較してミスが多く、苛立ちや他の被験者への敵意を露わにする傾向が見られたのです。

では、被験者が「爆音をコントロールできる」という感覚を持っていた場合は、どうなるでしょうか?

その答えは、この実験の二つのバリエーションから得られます。

まず、タイミングを知らされたうえで爆音を聞かされた被験者は、ランダムに爆音を聞かされた被験者よりも、短時間で適応できました。タイミングを知らされた被験者の主観的なストレスも、低く測定されました。これは、一種の「コントロール感」の効能だと考えられます。

次の実験のバリエーションでは、さらに重要な発見がありました。被験者は、爆音があまりにも耳障りだと感じたときは、停止ボタンを押すことが許可されました。この条件で何度も実験が繰り返されましたが、ボタンはめったに押されませんでした。

次第に、被験者がほとんど押さないために、ダミーのボタンが使われるようになりました。それでも、「いざとなればボタンを押してノイズを止められる」というコントロール感を得た被験者群には、対照群に比べて明らかにストレスが減りました。ノイズに身体的に適応し、正常時の覚醒レベルに戻るのが速く、後続のタスクにもマイナスの影響が減って、苛立ちや敵意を表すことも少なかったのです。

「いつでもボタンを押せる」という感覚

これらの発見を日常生活のストレスに当てはめると、有益なヒントが得られます。朝の車通勤を例にとってみましょう。

その日、いつも通る高速道路がどれくらい混むかどうか、はっきりとは予測できません。車を運転し始めると、身体の覚醒レベルは高まりますが、いつもと同じ道を走っていると、次第に覚醒は静まってきます。つまりあなたは、生理的には「通勤に適応した」のです。

しかし会社に到着後、その代償を支払っている可能性もあります。オフィスで仕事を始めたあなたは、ストレスの多い高速道路通勤のおかげで、ミスをしやすく、短気になっているかもしれません。

しかし、「混雑がひどければ、高速道路を降りて一般道を走ることもできるし、早起きしてすいている高速道路を使うこともできる」と考えることで、コントロールの感覚を得ることができます。すると、会社に到着した後のミスやストレスを減らすことができるのです。

私は、この「いつでもボタンを押せる」という感覚は、自己解決型の行動パターンに通じると考えています。すなわち、自己解決型の人は、日常のストレス要因に対処するために、必要に応じて押すことのできるボタンをいくつも持っていると見なせるのです。

難しい試験が控えているときは「一生懸命に勉強する」ボタン、素敵な異性に出会ったら「魅力的に振る舞う」ボタン、将来が不安なときは「楽観的に考える」ボタンを押すのです。

まとめると、自己解決型の人は、他人の言動にむやみに流されず、リスクを回避し、大切な目標を達成するためにしっかりとした計画を立てます。将来の大きな報酬のために、目先の報酬を先送りできます。また、日常生活のストレスにうまく対処でき、ストレスの悪影響もあまり受けません。

こうしてまとめると、自己解決型であることには欠点がないように思えます。しかし、それは本当でしょうか?

もしもボタンがダミーだったら?

数年前、「ストレスおよび変化への抵抗」というテーマの国際的会議で発表をしたことがあります。この章で紹介したいくつかの研究についても話をしました。

プレゼンテーションの最後に、質疑応答があり、後ろのほうの席に座っていた男性から質問がありました。

「いくつかの実験では、ダミーのボタンが使われていたとおっしゃいましたが、もしもボタンがダミーだと気づいたときには、最初からコントロールできないと考えていた人よりも、より大きなストレスを感じるのではないでしょうか?」

素晴らしい質問だと思いました。私は彼がそのような質問をしたのは、ストレスとコントロールの問題に関わっている臨床医だからではないかと思い、そう尋ねてみました。

「いいえ、私は政治学者で、心理学は門外漢です。今日は間違ってこの部屋に入ってしまい、しばらくしてそれに気づいたのですが、途中で退席するのは失礼だと思って最後まで聴講することにしたのです。ボタンを用いた実験に興味を持ったのは、それが政府と国民の関係についての私の理論にぴったりと当てはまっていたからです。政府は国民にボタンを見せます。つまり、コントロールは可能だという錯覚を与えます。そして、国民はそれを期待して政府を支持します。しかし、実際にボタンを押しても何も起こらないのに気づくと、政府を批判するのです」

聴衆は笑い、私も笑いました。そして、この話はそこで終わったように思えました。しかし、この問題はその後も私の頭から離れませんでした。それから数カ月、私はこの問題に対する説得力のある答えを示してくれるものはないかと、アンテナを張り続けました。

この問題を抽象的にとらえると、それは「コントロールの損失」や「コントロールの錯覚」ということになると思います。この問題そのものをテーマにした研究は見当たりませんでしたが、隣接する他分野で、興味深い研究をいくつか見つけることができました。

コントロール感があるゆえに不幸になった老人たち

私が最初に見つけた研究結果が示していたのは、「自分の人生を自分でコントロールしているという感覚が、心身の健康を促進する」という、現在では十分な確証が得られている知見です。このテーマで注目されていた分野に「老年学」があり、老人ホームの入居者を対象にして、日常のコントロール感と幸福についての研究がさかんに行われていました。

介護施設に入居すると、自由とコントロールを失ってしまう問題が生じます。1976年のエレン・ランガーとジュディス・ロディンの研究は、コントロールのレベルをわずかに変化させることによって、入居者に大きなメリットがもたらされることを示しました。

その変化は単純なものでした。入居者に、どの映画を観るか選ばせたり、部屋の装飾をしてもらったり、観葉植物の世話を依頼したりしただけです。しかし、これらをスタッフに決められていた入居者に比べ、コントロール感と責任を与えられた入居者は、より活動的になり、幸福感を高め、健康度が増して長生きしたのです。

しかし、これとほぼ同じ時期にリチャード・シュルツらが行った実験は、予想外の結果をもたらしました。

介護施設によっては、入居者は他者と触れ合う機会がほとんどなく、一日の大半をつまらなそうな顔をして黙って座っていることが少なくありません。これらの施設の入居者は、他者との交流を求めています。そこで実験では、このような施設の入居者に、デューク大学の学生を定期的に訪問させて交流をさせました。

その際、あるグループの入居者には、学生にいつ訪問してもらうかを決められるようにしました。別のグループは、自分たちで学生の訪問日時を決めることはできません。また、まったく訪問を受けない対照群のグループも設けました。学生が施設に滞在する「時間」や交流の「内容」は、両方のグループでまったく同じです。

予想通り、訪問日時をコントロールできた入居者の主観的幸福度、健康は、コントロール感を持たない別のグループよりも高まっていました。とはいえ、この実験結果は予想通りのもので、従来の結果を裏付けはするが、新しい発見はないと思われました。

しかし、実際にはそうではありませんでした。

学生の卒業に伴い、施設への訪問は唐突に（おそらくは入居者への十分な説明もなく）終了しました。その結果、入居者は突然コントロールの感覚を失いました。

その後のフォローアップ調査によって、学生の訪問に対するコントロール感を持っていたグループは、コントロール感を持っていなかったグループよりも、健康や幸福感に著しい減少が見られ、死亡率すら高まったことがわかったのです。

私はこの研究結果を読んですぐに、「ボタンがダミーであることがわかったらどうなるか？」というあの質問を思い出しました。

何かをコントロールしているという感覚が、突然失われたらどうなるのか？　コントロールの損失は文字通り重大なものであり、極端な場合には致命的なものになるのではないでしょうか。

自分を第三者目線で描写するパーソナル・スケッチ

このようにさまざまな研究論文を調べていた期間、私は、コントロールの感覚を失うことの意味を個人的に問い直されるような体験をしました。

私は長年、大学でパーソナリティ心理学を教えてきました。初級者向けのコースもあれば、専門者向けのコースもありますが、クラスの規模が30人から40人くらいで、全員に目が行き届きやすいときは、私が開発した「パーソナル・スケッチ」という演習が効果的です。

クラスの初日、私は学生全員に「パーソナル・スケッチ」という自分自身のパーソナリティに関するエッセイを匿名で書いてもらいます。学生はレポート用紙2枚の両面にエッセイを書きます。自分のパーソナリティがよくわかるものなら形式は問いません。特徴を箇条書きにしてもいいですし、子どもの頃から現在までどんなふうに育ってきたのか、時系列で書いてもかまいません。

重要なポイントは「一人称」ではなく、「架空の第三者の視点」で書くことです。この第三者は、自分のことを本人以上によく知る人であると想定します。回収したエッセイは、コピーしてクラス全員に配布します。

クラス全員が他の学生のパーソナル・スケッチを読むことの効果は絶大です。最初のうちは無個性だった集団が、講義を重ねるうちに、生き生きとした個性的な集団に変わっていきます。ただし、誰がどのエッセイを書いたのかは学生にはわかりません。エッセイは匿名ですし、わかりやすい身体的特徴なども書かないように指示しています。

その後の講義と自習を通じて、学生たちは自分自身と他の学生についてのパーソナリティの理解を深め、その学習の成果を「ジャーナル」と題したレポートに書いて、私に提出します。パーソナル・スケッチはもちろん、このジャーナルの内容もとても興味深いものです。これらのうちの二つが、私に大きな影響を及ぼすことになりました。

不慮の事故でコントロール感を奪われた人の人生観

パーソナル・スケッチを初めて実践したとき、他の学生よりも10歳ほど年上だったある女性が、こんなふうにエッセイを書き出していました。

「人生は自分で切り開くものなのか、運命によって定められているものなのか、私たち人間は、そのことを問われながら生きています」

それから、彼女は20代後半までの自らの人生を綴っていました。そこには、多くの達成や成功が描かれ、彼女が人生をコントロールしている感覚を持っていたことが強く感じられました。

しかしその後は、辛い経験に触れていました。事故で子どもを亡くしたこと、信頼していた人から裏切られたこと、離婚――。

彼女はパーソナル・スケッチの最後に、自分はこうした大きな試練をなんとか乗り越えてはきたが、この試練によって、それまで味わってきた人生の喜びの一面が失われてしまった、と締めくくっていました。

さまざまな体験をすることで、「辛い出来事によって、無慈悲に人生の道筋が変えられてしまうこともある」という人生観を持つようになったのでしょう。彼女は人生を前向きに歩んでいましたが、人生の脆さも感じるようになり、自分の弱さについてもじっくりと考えるようになったのです。この考えを、彼女は若いクラスメートに伝えたいと考えました。そのために、匿名であることを放棄しても構わないと考えて書かれたパーソナル・スケッチだったのです。私は彼女のエッセイに強く心を打たれました。

人生にはコントロールできないことが起こり得る

パーソナル・スケッチがきっかけにして起こった二番目の経験は、私自身が巻き込まれた、予測もコントロールもできない出来事でした。

学期の途中で、学生から提出されたジャーナルを読んでいたときのことです。あるジャーナルのタイトルに、「脅迫状」という文字があるのが目に飛び込んできました。そこには、「私を殺害する」という脅迫文が書かれていました。文面は、今でもはっきり覚えています。とくに印象深かったのは、最後の段落です。

「クリスマスに義理の兄からリボルバーをもらった。あんたのビーズのような小さな両目のあいだに、銃弾を撃ち込んでやる。川の近くには寄らない方がいい。俺が銃をかまえているからだ」

白状すると(少々恥ずかしいことなのですが)、この文章を読んだときの私の最初の反応は、「〝ビーズのような小さな両目〟だって?」でした。数秒後、これが深刻な事態になるかもしれないとようやく気づきました。

この脅迫状がきっかけで、普段の平和な日常からは想像もつかないような事態が次々と生じることになりました。

学部長や学長、学校かかりつけの精神科医に報告したところ、全員これはいたずらではなく、警察を呼ぶべき深刻な事態だと断言しました。

私は学生の名前を知っていたので（パーソナル・スケッチは学生には匿名で配布していましたが、ジャーナルは本名で私に提出することになっていたからです）、警察にそれを教えるように言われました。しかし私はそれを拒否しました。

その日は金曜だったので、もし私が警察に名を告げれば、学生は脅迫容疑で逮捕され、週末を刑務所で過ごすことになるでしょう。しかし、学生はいたずらで脅迫状を書いたのかもしれないのです。それに、私は学生に「ジャーナルの内容は絶対に第三者には口外しない」と約束していました。その約束を破りたくはありませんでした。

学生の名は明らかにしないと告げると、大学の法務部門の担当者は呆れ、普段は暇そうな大学のセキュリティ責任者も、ひどく興奮して落ち着かない様子になりました。

彼らは、私が研究室にいるときが危ないと、対処策を細かく指示してきました。セキュリティスタッフの中から、一番の腕利きの男性を私の研究室の隣にある部屋に待機させ、壁にガラスのコップを当てて研究室の内部の音に耳を澄ませ、何か物騒な音（おそらくは銃声）がしたら、地元の警察に電話をすることになりました（あまり心強い気はしませんでした）。

私としては、自分の小さな子どもたちのことがひどく心配でしたが、脅迫している人間の名を明らかにしていない状況では、警察に自宅を警護してもらうことは難しいと言われてしまいました。

学生たちの安全も不安でしたが、彼らのほうが現実的でした。ヤキュリティスタッフから事の次第を聞いた学生たちの中には、「教授、今のうちに企業への推薦状を書いてもらえませんでしょうか?」と言う者もいました。当時は冗談を言っているのだと思いましたが、ひょっとしたら本気だったのかもしれません。

結局のところ、脅迫状はいたずらだと判明しました。脅迫状を書いた学生も、動機を十分に説明してはくれないまま、再び、いつもの日常が始まりました。

この事件によって、後の私の人生にとくに悪影響はありませんでした。

ただし、この事件をきっかけにして、私のコントロールの感覚は、断固とした自己解決型のものから、偶発性や複雑性を含んだものに変化しました。危険が潜んでいないかを事前に確認する——つまり私は、事前にボタンがダミーでないかどうかを慎重にチェックすることを学んだのです。

運命は自分の力で変えられる、しかし……

ここまで自己解決型のポジティブな側面をいくつもあげてきました。これは、私たちが小さいころに大人から聞かされてきたアドバイスと一致しています。すなわち私たちは、「運命は自分の力で変えられる、限界は自分の想像力がつくりだしたものだ」と信じるように育てられてきたのです。

しかし、この章で紹介した騒音ストレス実験でのダミーボタンや、老人ホームの実験などのように、「コントロールの感覚を持つことは、ある程度、幻想に基づいている」ということも同時に知っておくことが大切です。

私たちは、自分の人生のボタンが正しく接続されているかどうか、確認する必要があるのです。

そのためには、さまざまな領域における自分の能力を人から客観的に評価してもらい、それをきちんと受け止めて、自らの才能や能力、意欲に合ったプロジェクトに取り組まなくてはなりません。

常に周りを見渡して、そこにあるものが自分のパーソナル・プロジェクトの追求を助けるのか妨げるのか、判断しなければなりません。これはあまり気の乗らない仕事であり、ときには大きな恐怖も感じます。

しかし、新しい目標に向かって行動を開始する前には、自分自身を客観的に見つめ、第三者から率直なアドバイスや意見をもらうべきなのです。

客観的な視点で自分の能力を見直す

私がある朝、大学のカフェテリアで耳にした幻想の例を紹介しましょう。

列に並ぶ私のすぐ前には、別の学部に所属する、女たらしで有名な教授がいました。評判通り、彼はとても魅力的な若い女子学生と一緒で、2人は熱く見つめ合っていました。女子学生は、大学の講義の内容に不満を述べていました。英語は楽しいが数学は嫌いで、物理学と生物学では授業についていけず、化学はバカバカしいとすら思えるくらい興味がないというのです。

しかし彼女はそれでも「どうしても婦人科医になりたい」と言いました。教授は彼女の目を見つめて甘くささやきました。

「迷わず進めばいい。君なら夢を叶えられる」

私は思わず叫びたくなりました。

「ダメだ! 君は医者になるべきじゃない。君に診てもらうことになる女性のことを考えてほしい。得意なことを活かして、文章を書く仕事に就き、医学的な官能小説でも書けばいい。だけど、医学の道に進むのはお勧めしない!」

とはいえ、私は何も言えませんでした。他人の私に、彼女の幻想を否定する権利などないからです。

その後、彼女は英語を含むすべての講義で単位をとれず、オレゴン州にあるニューエイジふうのカレッジに入学して、タロットカードやボディマッサージを学ぶことにしたそうです。私は、それが彼女にとって最良の選択だと思いました。

もし彼女が私の「ボタン」や「コントロール」をテーマにしたクラスに出席していたなら、私は少なくとも彼女に、自分の能力と夢とをよく考えるようにアドバイスしたと思います。私のクラスでは、それぞれの夢や目標を尊重しながらも、それが現実離れしていないかを話し合います。

さらに、人生の大切な選択に際して相談するなら、できるだけ客観的な意見を述べてくれる人、すなわち、彼女のボタンがきちんと接続されているかどうかをはっきりと指摘してくれる人を選ぶようにと伝えるはずです。

結局、彼女の魅力に目がくらんでいた教授は客観的な意見を述べませんでしたが、彼女の成績は客観的な事実を示していました。そして彼女は自分のパーソナリティや趣向、能力に見合った職業につくことができたように思えます。

彼女は楽しく魅力的な人ですから、今はきっとイキイキと毎日を過ごしているでしょう。しかし、それでもなお、彼女は今後の人生においても、まだボタンについて、考える必要があるのではないかと私は思っています。

「幻想」を維持しながらも、「現実」に適応する

このコントロール感覚の研究における大きなテーマは、「幻想は私たちを幸福に導くものなのか」です。

人が、実際にはコントロール不可能な事象をコントロールできると考えたり、他者から見れば明らかにそうではない職業を「適職」だと思い込みがちなことを示す研究結果はたくさんあります。

たとえばあなたは、自分には人並み以上のユーモアのセンスがあると思いますか?

この質問には、ほとんどの人が「はい」と答えます。それは、確率的に考えればありえないことです。ですが、このような幻想は、極端すぎるものでない限り、幸福度を高め得るものです。

一方、どちらかというと悲観的な考え方をする人は、こうした幻想を持たない分、現実的だと言えます。つまりそれは、彼らは他の人よりも悲しみを味わっていて、かつ賢いということなのでしょうか?

おそらく、悲しみを多く味わっているのは間違いありません。そして、自分の現実を正確にとらえているという意味で、知識があるということは言えるでしょう。

しかし、賢いかと言われれば、私はそうは思いません。それは突き詰めると「幻想のタ

イミングの問題」に関わっています。

ポジティブな幻想を抱くことは、タイミング次第で目標達成にプラスにも、マイナスにも作用します。

何らかの目標（研究テーマを絞り込む、転職する、誰かと親しく付き合う）に向けて行動するときには、幻想から離れて現実的になることが効果的です。その目標に、追求する価値があるか、成功の見込みがあるかを、幅広い情報に基づいて事前に考えておくと、予期せぬ出来事に直面して戸惑ったり、行動を途中で簡単に諦めたりしなくなります。

しかし、いったん目標に向けて行動を開始した後は、ポジティブな幻想に目を向け、ネガティブな現実を意識しないようにするほうが有利に働きます。つまり、目標に向かって邁進《まいしん》しているときこそ、「幻想」が効果を発揮するのです。

この章の冒頭では、対照的な三つのエピグラムを紹介しました。

映画『甘い生活』に出てくるキャラクターは、自分の人生を自分でコントロールして心の平和を得ようとします。彼の幸福が、電話によって脅かされることはありません。幻想が彼の保護者なのです。

作家のオルダス・ハクスリーは逆の態度をとります。幻想を暴力的なものととらえ、リアリズムこそが重要だと考えるのです。客観的な視点を疎かにすることは、危険なことであり、電話は鳴ったらすぐに応えなければならないというわけです。

　最後のエラスムスは、幻想と共に生きることは、人間にとって不可欠であることを思い起こさせてくれます。おそらく、幻想を持つことは、複雑で予測のできない人生をなんとか歩んでいくための方法なのでしょう。

　私の教えている生徒たちの大半がそうであるように、若いときに抱く幻想は、痛みや苦しみをもたらすことがあります。しかしそのような幻想は、挑戦を続けるのを助け、新たな可能性をもたらしてもくれます。

　だからこそ私たちは、幻想を抱くだけでも、現実に追われるだけでもなく、慎重かつ大胆な態度で生きていかなければなりません。現実に適応しつつも、偶発的な出来事をも受け入れる必要があるのです。これまでどのように生きてきたかと、将来どのように暮らしていきたいかの接点を、日々の中で発見していくのです。このシンプルな考えを「希望」と呼ぶのだと私は考えています。

第6章
性格は寿命も左右する
——すべてを勝負にする人、しない人

2月のある寒い日の朝、毎年恒例の健康診断を受けるために病院の待合室にいたとき、びっくりするような出来事に遭遇しました。

私の隣には、真っ赤な頰をした、青い目の30代半ばの男性が座っていました。彼はペンを片手に、雑誌のクロスワードパズルのようなものに書き込みをしていましたが、なぜかかなり興奮していました。そして、突然叫び声をあげました。

「大変だ、僕は死んでしまう！」

それを聞いて、私は「死ぬには最適の場所だな」と考えつつ、彼の手元の雑誌に目をやりました。それは人気の大衆誌で、彼が見ていたのは健康についてのセルフチェックができるページでした。私はすぐに事態を把握しました。

このセルフチェックをここに記載します。みなさんも、回答してみてください。ただし、大声で悲鳴をあげないように。

健康を害するライフイベントのチェックリスト

次の43の項目のうち、過去1年以内にあなたの身に起こったものにチェックをつけてください。

1 配偶者の死 100 □
2 離婚 73 □
3 夫婦別居生活 65 □
4 拘留、または刑務所入り 63 □
5 肉親の死 63 □
6 自分の病気や傷害 53 □
7 結婚 50 □
8 解雇 47 □
9 夫婦の和解調停 45 □
10 退職 45 □
11 家族の病気 44 □
12 妊娠 40 □
13 性的障害 39 □
14 新たな家族構成員の増加 39 □
15 職業上の再適応 39 □
16 経済状況の変化 38 □
17 親友の死 37 □
18 転職 36 □
19 配偶者と口論する回数の変化 35 □
20 約1万ドル以上の借金 31 □
21 担保、貸付金の損失 30 □
22 仕事上の責任の変化 29 □

23 息子や娘が家を離れる 29 □
25 個人的な輝かしい成功 28 □
27 就学・卒業・退学 26 □
29 個人的な習慣の変更 24 □
31 仕事時間や仕事条件の変化 20 □
33 学校を変わる 20 □
35 教会活動の変化 19 □
37 約1万ドル以下の借金 17 □
39 親戚付き合いの回数の変化 15 □
41 休暇 13 □
43 ささいな違法行為 11 □

24 姻戚《いんせき》とのトラブル 29 □
26 妻の就職や離職 26 □
28 生活条件の変化 25 □
30 上司とのトラブル 23 □
32 住居の変更 20 □
34 レクリエーションの変化 19 □
36 社会活動の変化 18 □
38 睡眠習慣の変化 16 □
40 食習慣の変化 15 □
42 クリスマス 12 □

チェックをした各項目の下にある「数字（評価点数）」を合計して、スコアを算出します。スコアの健康への影響は次の通りです。

３００以上　近い将来病気になる可能性が「高〜非常に高い」
１５０〜２９９　近い将来病気になる可能性が「中程度〜高」

149以下　近い将来病気になる可能性が「低～中程度」

「結婚」や「昇進」が健康に悪影響を及ぼす？

安心してください。その絶大な人気にもかかわらず、あなたがたった今終えたばかりのテストには、いくつかの欠点があります。それらの欠点を述べる前に、病院で私の隣にいた男性――名前はチャドだと教えてくれました――が、叫んだ理由について説明しましょう。

チャドのスコアは423点。スコアが300点以上だと、近い将来病気になる可能性が「高～非常に高い」と書いてあるのを読み、猛烈な不安に襲われてしまったのです。

1960年代半ば、精神科医のトーマス・H・ホームズとリチャード・H・レイが、ストレスや健康問題の疫学的研究用に単純な尺度を開発しました。この尺度の基本的な考えは、「ストレスは、さまざまなライフイベントによって、日常的な行動が妨げられることから生じ、健康問題に影響を与える」というものでした。

ただしこの尺度には大きな特徴がありました。それは、結婚や就職などのポジティブな出来事も、日常生活に混乱をもたらすという理由でストレス要因だと見なしている点です。

このテストは人気となり、大衆雑誌などにも度々掲載されるようになりました。その結果、チャドのように、結果を見て不安を募らせる人が出てくるようになったわけです。しかし、この尺度には効果的な側面もありますが、問題点もあります。ここでは、そのうち四つの指摘をしたいと思います。

まず、評価点数について考えてみましょう。これは、「配偶者の死」を100点とし、それを基準にして、各出来事の影響の大きさを点数で表したものですが、ストレスレベルは人によって違うという点が考慮されていません。

たとえば夫が亡くなった場合でも、長年病気で苦しむ夫を見てきた場合は、妻は悲しむと同時に、愛する人が苦しみから解放されるのを見て安らぎを覚える可能性もあります。一方、突然夫を失って悲しみにくれる妻もいるでしょう。このように、同じ出来事でも、体験する人によってストレスレベルは異なるはずです。

二番目の問題点は、評価点数の単純な加算によって合計スコアを導いていることです。たとえば、「配偶者の死」と「住所の変更」を立て続けに体験した人は、スコアが高くなります。

しかし、配偶者の死後に、それまでの思い出のある土地を離れることによって、悲しみから生じるストレスを減らせる人もいるはずです。ライフイベントは、それぞれが独立しているのではなく、いくつもが重なり合うようにして成り立っています。このため、尺度も、出来事の関連性を考慮すべきだと言えます。

三番目の問題点は、結婚や昇進などのポジティブな出来事をストレス要因とみなしていることです。理論的には非常に興味深いものではあるものの、研究によって、健康に悪影響が生じるのはネガティブな出来事だけであるという証拠がいくつも見つかっています。

四番目は、性生活や摂食、睡眠の障害など、それ自体が健康問題と直結している項目が含まれていることです。そうした因子から健康状態を予測するのは自明のことであり、こうした項目を含めることは、情報価値の低下につながります。

では、チャドの場合は実際にはどうだったのでしょうか?

私は彼と一緒に検証してみることにしました。まず私たちは、「クリスマス」をチェックしたことで、ストレススコアに12点が加えられるという事実に笑いました。また、チャドはこの1年で結婚し、社会人になってから入学した大学院を卒業し、故郷に戻ってきました。半年前、病気に苦しんでいた父親が亡くなりましたが、母のいる実家の近くに住めるようになったことを喜んでいました。病院を訪れていたのは、年に一度の健康診断を受けるためでした。

これらの尺度の問題点は、チャドのスコアの解釈にどう影響するのでしょう? チャドがポジティブな出来事だと感じている「結婚」や「引っ越し」の項目のチェックを外し、ネガティブな出来事のみを対象にすれば、ストレスレベルや健康リスクはかなり小さくなるでしょう。

私はチャドに、この類のセルフチェックの解釈は慎重にすべきであり、深刻に受け止める必要はないとアドバイスしました。しかし今振り返ってみると、もう少し詳しく説明をしてあげればよかったと思います。

これから、パーソナリティと健康について、あの2月の寒い朝にチャドに説明したよりも詳しい話をしたいと思います（チャドとはその場かぎりで別れたので連絡先もわかりません。彼がこの本を手にとってくれることを祈ります）。

同じ苦境でもくじけない人

1970年代半ば、シカゴ大学のパーソナリティ心理学者サルバトーレ・マッディが、シカゴのイリノイ・ベル電話会社（IBT）の副社長の支援を受け、同社の従業員を対象に、パーソナリティ、ストレス、問題対処能力、健康などの長期的な調査をしました。

時を同じくして、政府の規制緩和策によって、IBTは大幅な人員削減を実施することになり、従業員は極めて大きなストレス要因を抱えることになりましたが、この混乱の最中も、調査は続行されました。結果として、これは大きなライフイベントが生じたときに、心身の健康に何が起こるかを詳しく調べるための絶好の機会になりました。

研究結果は興味深いものでした。従業員の約3分の2には、健康状態の悪化やパフォーマンスの低下が見られました。しかし、残りの約3分の1の従業員は、リストラという変化にうまく対処してすぐに立ち直り、ほとんどネガティブな影響を受けていなかったのです。これらの二つのグループの違いは何だったのでしょうか？　ちなみにさきほどのテストのスコアでは、両グループとも差は認められませんでした。つまり、同じストレスの多い環境にいながら、健康状態やパフォーマンスを低下させた人と、そうでない人がはっきりと分かれたのです。

二つのグループの違いは、パーソナリティ特性の違いでした。

マッディらはこれを、「ハーディネス（心のタフさ）」と呼びました。ハーディネスは、すべてアルファベットの「C」で始まる「コミットメント」「コントロール」「チャレンジ」という三つの主要素で構成されます。

コミットメントとは、日々の出来事に積極的に関わる態度を意味します。

コントロールとは、ライフイベントに対して受け身になったり、無力感にとらわれたりするのではなく、自らの行動によって、積極的に働きかけようとする態度を意味します。

チャレンジは、いい変化であれ、悪い変化であれ、これを成長と新たな学びの機会としてとらえようとする態度です。この研究が導いた結論はこうです。**コントロール、コミットメント、チャレンジが、パーソナリティの中心にあると、健康は高まる。**

これが、私がチャドに伝えたかったことです。

日常生活にストレスはつきものです。しかし、ストレスを避けようとするあまりに、人生に積極的に関わろうとしなくなるのは健全な考えとはいえません。実際、チャドのライフイベントに対する積極的な関わり方は、変化がもたらす健康への悪影響を軽減していたのです。

押しが強くて競争的な「タイプA」は心臓発作を起こしやすい

健康に関する、別のパーソナリティ特性を見てみましょう。

心臓発作の可能性が高いことでも知られる、「タイプA」パーソナリティです。これは行動医学と健康心理学の分野で広く研究されている概念です。日常会話でもひんぱんに登場するので、聞いたことがある人も多いと思います。講義の受講者からも、タイプAといえば、「押しが強い」「競争的」など、ほとんど同じ特徴があがります。

しかし後述するように、これらはタイプAパーソナリティの「表面的な」特徴です。

このパーソナリティの人の手帳を見れば、とにかく「時間に追われていること」が見られるでしょう。物事はすべて早く、急ぎで、至急、行わなければならないと考えているのです。「Ｎｏ　Ｍａｔｔｅｒ　ＷＨＡＴ！（何が何でもやり遂げる）」としょっちゅう自分に言い聞かせるような言葉を書く傾向もあり、競争的な毎日を過ごしていることがわかります。

こうしたタイプAパーソナリティは、心臓によくない影響をもたらすことがわかっています。しかし一方で、目標達成や職業上の成功などにはプラスに働くこともあると予想されます。

求人広告について考えてみましょう。採用側は、どのような職種であれ、勤勉で、意欲があり、困難に負けず、責任感のある人を求めているのではないでしょうか。「野心も意欲もない、無責任な人求む!」という求人広告を見たことはありません。この点で、タイプAは就職に有利だといえるかもしれません。

他にも、タイプAが生産的で、それによって(とくに競争の激しい環境では)成功しやすいことを示す研究結果があります。たとえば、私がいる大学の世界では、タイプAの研究者の論文は他の論文でよく引用されていることがわかっています。

タイプAの人は、自分だけではなく周りの人に対しても要求が高く、コミュニケーション時に苛立つことがあります。声が大きく、ジェスチャーを使い、話し方がのろいと感じた相手を遮《さえぎ》って割り込むこともあります。その結果、他人から煙たがられることもあります(そのことが、タイプAの目標達成にとってはむしろプラスに作用することもあります)。

目の前のタスクに集中するあまり、身体が発する信号に鈍感になるという興味深い特徴もあります。私は数年前、直にこれを経験しました。

「コミットメント」「コントロール」「チャレンジ」のバランス

当時、私は大規模なカンファレンスの企画委員を務めていた関係で、年間を通じて何度も会議に出席する必要がありました。委員長は明らかにタイプAでした。彼の強烈なパーソナリティは有名でした。電話をするときには、勢いよくしゃべる彼の唾が、受話器を通り抜けて飛んでくるような感覚がありました。電話を終えると、耳を拭きたくなったものです。

しかし、そのパーソナリティが猛威を振るうのは、なんといっても会議の場でした。進捗確認のために行われる会議はたいてい、午後4時に始まります。委員は皆、5時頃には会議を終わらせたいとテーブルにつきます。あるとき、委員長は予算の問題でひどく憤慨していました。しかめっ面をして、額を汗まみれにし、歯ぎしりをして、拳を握りしめていました。しかし、彼はそれを自覚していませんでした。7時過ぎまで会議が長引いたことで他の委員が疲れ、明らかに迷惑そうな顔をしているのにも気づいていないようでした。彼は、次回のカンファレンスの企画委員会には選出されませんでした。

このように、タイプAのパーソナリティの特徴は傍目にははっきりとしています。しかし、その人がタイプAであるかどうかは、具体的にどのように判断すればよいのでしょうか？

タイプAには次の三つの特徴があります。

まず、タイプAにとっては物事を定めた通りに進めるための「コントロール感」を得ることがとても重要です。そして、それを失うことを恐れます。二つ目は、高いレベルの「コミットメント」を持っている点です。コミットメントとは、タスクに継続的かつ情熱的に取り組むことです。タイプAは、このタスクの達成の妨げになるものに対しても、強い耐性を示します。三つ目は、日々の目標に対して「チャレンジ」することです。チャレンジとは、競争において相手に勝ちたいという欲求も意味します。

前述したように、タイプAの人は心臓病のリスクがとても高いことで知られています。つまり、**コントロール、コミットメント、チャレンジがパーソナリティの中心にあるとき、健康は脅かされます。**

さきほどは、コントロール、コミットメント、チャレンジは「ハーディネス」の軸となっているもので、健康にいい作用をもたらすと述べました。しかし今、同じ特徴が、心臓疾患と関連しているとも述べました。つまり、コントロール、コミットメント、チャレンジを高めることは、健康を高めることにもなれば、健康を脅かすことにもなるのです。これはどういうことなのでしょうか？

「仕事中毒者」から仕事を奪っても健康にはならない

このパラドックスを解明する前に、いくつか検討しなければならないことがあります。まず、タイプAの表面的に見える特徴と深層に隠されている本当の特徴の違いです。タイプAが健康に悪影響を引き起こす原因になっている深層の特徴は、「敵意」です。端的に言えば、「敵意が健康に悪い」のです。

日常生活の中で、敵意や怒りを感じる状況を思い浮かべてみましょう。

渋滞している道路で運転しているとき、黄信号で減速する前の車に思わず毒づいてしまうことがないでしょうか。エレベーターがいつまでたっても自階にこないときは、「また3階の奴らが扉を開けっ放しにしてるんだ」と怒りが湧いてきます。スーパーのレジの前にできた、うんざりするような長蛇の列に並びながら、「後ろで人が待っているのにノロノロしやがって！」と強い敵意を感じることもあるでしょう。

あなたの夫がタイプAだとします（ちなみに、男性よりも割合は低いものの、女性にもタイプAはいます）。家族でカリブ海へ休暇に出かけることになりました。何年も前から計画し、そのためにコツコツとお金を貯めて実現させた旅行です。リゾートに到着すると、あなたは開放感に身を浸します。ビーチに飛び出し、砂の上で身体を伸ばして、太陽の日差しを思い切り浴びながらサーフィンをして、小さな傘の刺さったグラスに入ったエキゾチックな名前のドリンクを楽しみます。

タイプAの夫もビーチにやってきます。夫はリゾート地に書類やノートパソコンを持参してきましたが、仕事道具はホテルの部屋に残し、緊急事態が生じない限り仕事はしないと約束してくれました。

ところが3分後、夫はビーチで読もうと思っていた雑誌を持ってくるのを忘れたといって、ホテルの部屋に戻ります。何が起こるかはすぐに予想できました。1時間後、ホテルの部屋を覗いてみると、夫がメールの返事を書いていました。「自分がいなければ仕事が回らなくなってしまうんだ」それが言い訳です。

このとき、あなたはどのように振る舞うでしょうか？　配偶者と真剣な話し合いをすべきタイミングだと考える人は多いでしょう。こんなときくらいはしっかり休まないと駄目だと、夫を説き伏せたくなる衝動にかられるかもしれません。休暇も台無しになるし、健康にも悪いと言えば、彼もビーチに戻ってリラックスしようとするかもしれません。

しかし、これは最愛の人の健康を守るために必要なことなのでしょうか？

実は、そうではないのです。

いつも時間に追われていたり、慌ただしくしていたり、状況をコントロールしている感覚を持つことは、必ずしも健康に直接的な悪影響をおよぼすものではないのです。健康に悪影響を与えているのは、これらの表面的な特徴ではなく、根底に潜む「敵意」です。だから、夫に敵意がない場合、仕事をしたくてたまらない状態の彼を無理やりリラックスさせると、逆に敵意を生じさせてしまいます。

すでに夫が敵意を持っているのであれば、行動を妨害することで状況はさらに悪くなります。このような難しい局面でどのように振る舞えばよいかは後述します。

まずはその前に、ハーディネスとタイプAが、同じようにコントロール、コミットメント、チャレンジをしているにもかかわらず、健康状態は真逆になるパラドックスを解決するにはどうすればよいかを考えてみましょう。

「勝とう」としないアプローチ

健康にとってプラスにもなればマイナスにもなる、三つの要因、コントロール、コミットメント、チャレンジについて考えてみましょう。

前章で見たように、コントロールは複雑な概念です。「コントロールの感覚」は、ハーディネスの観点からは、出来事に自分の行動で影響を及ぼしてプラスに転換しようとすることになりますが、タイプAパーソナリティでは、対象を自分の意のままに操作しようとすることを意味します。

1章で、「敵意」は誰かに自分を否定されたとき、それを受け入れまいとすることから生じると説明しました。私は、これはタイプAの行動にも当てはまると考えています。実際、もともとタイプAの傾向が強い人は、自尊心が低いと考えられます。また、タイプAがコントロールの感覚を得ることに執着するのは、自尊心が脅かされたことに対処しようとしているからだとも考えられます。

タイプAパーソナリティがあらゆる対象をコントロールしようとするのとは対照的に、ハーディネスが高い人は柔軟なコントロールの感覚を持っています。自らの「ボタン」をいつ押すべきか、またボタンではなく他の方法を使うべき状況なのか、把握しているのです。

コミットメントはさらに複雑です。私はタイプAの戦略を「ハイパー・コミットメント」や「近視眼的コミットメント」と名づけています。ハイパー・コミットメントとは、あらゆるタスクに全力で取り組もうとすることです。全力で取り組む価値があるかないかは十分に判断されずにコミットメントするので、生活は猛烈に忙しくなります。そしてタスクが増えれば増えるほど、一つひとつに丁寧に取り組めなくなっていきます。もう一つの「近視眼的コミットメント」は強迫観念的です。他のすべてのことには目もくれず、最優先の目標のみに、すべてのエネルギーと情熱を注ごうとするのです。

これとは対照的に、ハーディネスが高い人は、コミットメント対象の適切な選別や、状況に応じた労力の調整ができます。

「チャレンジ」でも違いが見られます。タイプAの人は、さまざまな状況から競争心をかきたてられます。通勤時に見られるマナーの悪いドライバー（突然レーンを変更したり、車線をはみ出したりする）のことも、毎朝バカとののしりながら、追い抜いているでしょう。このように毎朝の通勤時にいちいち他の車に腹を立てていたら、心臓に負担がかかるのも無理はありません。

対照的にハーディネスが高い人は、タイプAのように何事にも勝とうとするのではなく、「チャレンジ」をゲームのようにとらえ、積極的かつ情熱的に、楽しさを感じながら取り組む能力があるのです。こうした非敵対的なアプローチは、健康面でもプラスに作用しています。

子どものサッカーの試合にすら屈辱を感じるタイプA

少年サッカーでコーチをしていたときは、サイドライン側で声援を送る親たちの行動は、フィールドを駆け回る子どもたちの行動と同じくらい興味深いものでした。

ある試合で、こんなことがありました。チームは3点差で負けていて、後半の残り時間もわずか。リッキーの父親のガスは感じの悪い男性で、チームが勝っているときでさえ、苦い顔をしていつもフィールドを睨んでいます。負けているときは屈辱に感じ、息子に向かって叫びます。「リッキー、気合いを入れろ！　これは遊び《ゲーム》じゃないんだぞ！」。私が、これは試合《ゲーム》だと指摘すると、ガスは面白くなさそうな顔をしました。それを他の親の前で言われたことが敵意をさらに刺激したらしく、怒りで顔を真っ赤にしていました。

もちろん他の親も積極的にチームを応援していました。みんな非常に熱心でしたが、試合が緊迫したときも、タイプAの親のように自分の子どもを怒鳴ったりせず、温かく声援を送っていました。私がとくに興味深いと思ったのは、彼らがゲーム中によく笑顔を浮かべていたことです。しかも、つくり笑いとは対照的な、「デュシェンヌ・スマイル」と呼ばれる、顔全体に広がる笑顔です。

コントロール、コミットメント、チャレンジのパラドックスについて、どのような結論を導けるのでしょうか？　私は、タイプAとハーディネスが高い人の大きな違いは、視点だと考えています。

根底に敵意があることで、タイプAの行動は極端なものになり、自律神経系を覚醒させ、ストレスを増加させて健康に悪影響を生じさせますが、ハーディネスが高い人は、他人の行動に過敏になったり、思いこみで自尊心を脅かされることなしに、安定した心理状態で物事に関わる視点を持っているのです。

こうした視点の違いは、生まれ持ったパーソナリティ特性と結びついていることがあります。2章で見たように、協調性のスコアが低い人も、心臓疾患のリスクが高いことがわかっています。

次項では、タイプA的な行動を避けるための、具体的な手順を紹介しましょう。

敵意が浮かんだら「ストップ」と叫ぶ

パーソナリティと健康に関する研究を始めて数年が経った頃、大病院の精神科の症例検討会に参加する機会がありました。その月のテーマは、敵対的な行動を減らすための「思考を停止する方法」。参加者は15人程度で、実に多様な人間が集まっていました。

講師が私たちに、「3分間目を閉じて、苛立ちや敵意を感じた状況を思い出すように」と言いました。私は大学への車通勤の途中でたまに見かける、マナーの悪いドライバーのことを思い出しました。頭に浮かべたイメージに集中していると、怒りがこみ上げてきました。そのとき、講師がマイクを通じて大声で「ストップ！」と叫びました。私たちは全員ビクッとして飛び上がりました。その後、講師はまだ敵意を感じているかと私たちに尋ねました。全員、感じていないと答えました。「ストップ」という講師の言葉によって、私がそれまで浮かべていた道路上での腹立たしい状況は頭から消え去っていたのです。

次のステップは、敵意や不安などの感情が湧き上がってきたときに、自分でこの「合い言葉」（ストップ）を心の中で叫ぶようにすることです。講師がいつでも側にいて、ネガティブな感情が湧き上がってきたら「ストップ！」と叫んでくれると助かるのですが、そのようなシステムをつくるのは不可能です。

私は、敵意や不安が高まりそうになったときに、「ストップ！」と叫んでこれらの感情を抑えられるようにするための訓練を始めました。最初は声を出して練習しましたが、しばらくすると、心の中で叫ぶだけで思考の流れを変えられるようになりました。それから数週間、私は心の中で、静かに、かつきっぱりと「ストップ！」と叫ぶことで、嫌な感情の流れを止められる機会に何度か遭遇しました。また、「ストップ！」と言うときに目を閉じると効果が増すことにも気づきました。

首尾一貫感覚――「うまくいくだろう」という自信

前章と本章では、コントロールの感覚と、さまざまな意味での幸福度（学業や職業上の成功、身体的な健康）との関係について見てきました。日常生活の中でコントロールの感覚をもっていることは、大きなメリットをもたらしてくれます。

また、コントロールだけでなく、コミットメントやチャレンジも、ストレスを感じている人に有益な効果をもたらしますが、それが極端になると（たとえば、タイプAのパーソナリティの人のように）健康へのリスクは逆に高まってしまいます。

最後に、アーロン・アントノフスキーが提唱した「首尾一貫感覚」に注目してみます。この統合的な理論は、個人の気質が人生や幸福感に及ぼす影響だけでなく、環境がこのプロセスにおいて大きな役割を担っていることを教えてくれます。

医療社会学者のアントノフスキーは、「病気のもと」を調べる視点と、「健康のもと」を調べる視点を明確に区別しました。

健康のもとになるのは、個人がもつ「首尾一貫感覚」です。首尾一貫感覚は、「把握可能感」「処理可能感」「有意味感」の三つの要素に基づいています。「把握可能感」とは、日常生活を意味や秩序のあるもの、予測可能なものとしてとらえていることです。「処理可能感」とは、身の回りで起きたことに自分で対処できると感じている感覚です。「有意味感」とは、日々のプロジェクトや目標に価値を見出し、積極的に取り組むことです。

首尾一貫感覚の高い人は、困難に直面しても、心身の健康を維持できる能力を持っています。首尾一貫感覚の定義には、「うまくいく見込みがあるという『自信』を持つこと」というフレーズがありますが、私はこれが好きです。

これは、本書でこれまで見てきた、完全なコントロールを前提とする前にボタンをチェックすることや、ハーディネスが高い人の困難へのアプローチ方法とも通じるものです。しかし、首尾一貫感覚の概念の他にも、健康と幸福に大きく影響を及ぼす重要なものがあります。それは環境です。

環境が変化しているときに、性格が裸になる

イスラエルの三つの地域（伝統的な農業型の地域、近代的な都市型の地域、農業型から都市型への移行期にある地域）で行われた研究があります。

研究前、首尾一貫感覚と健康状態は、３タイプの地域間で異なっていることが予想されました。

たとえば「処理可能感」を考えてみましょう。伝統的な暮らしが長年続けられている農村では、日常生活で起きる出来事は予測しやすいと思われます。このような環境では、自分の行動をすべてコントロールすることはできませんが、〝物事が共同体によってコントロールされている〟という感覚は、あるはずだからです。

対照的に、大都市では日々の行動を自分でコントロールできるという感覚を持つことで、首尾一貫感覚を得やすくなると思われます。

一方、移行型の社会に住んでいる人は、伝統がもたらす安定性も、都市がもたらす動作

主体性も得られず、その結果として、首尾一貫感覚が低いのではないかと予測されました。

研究結果は、この予測を支持するものでした。伝統型および都市型社会の人は首尾一貫感覚尺度の値が高く（ほぼ同レベル）、移行型社会の人は有意に低かったのです。また予想通り、健康面でも移行型の社会にもっとも問題が多いことがわかりました。

この首尾一貫性の低下によって、どんな物事であれ、何かの移行期間中に健康問題が生じると推測することが可能になります。引っ越し、転職、恋愛、失恋、出産、引退——これらの誰しもに起こり得る出来事は、首尾一貫感覚に一時的な変化を引き起こすことがあります。

また、それはパーソナリティの違いが明白になる期間でもあります。外向型の人は普段にも増して外向的になり、誠実性の高い人は普段にも増して整然と振る舞い、攻撃的な人は普段にも増して攻撃的な人間になるのです。

第7章 クリエイティビティは「才能」ではない

——独創的な人ほど性格が悪い?

物事に新しい秩序をもたらすことほど、困難で、不確実で、危険なものはない。

——マキャヴェッリ『君主論』1532年

作曲や創作をするときには、心を空っぽにし、一切の責任を忘れて、そのとき心に浮かんでいるアイデアとのコンドームなしのセックスに夢中にならなければならない。

——レディー・ガガ

あなたがこれまでの人生で遭遇した、もっともクリエイティブな人たちのことを思い浮かべてみてください。本人を直接は知らなくても、その人が創作した小説やビデオゲーム、音楽、アートなどを通じて、そのクリエイティビティに魅了されたケースもあるでしょう。あるいは、独創的な治療プログラムで子どもの病気を治してくれた医師や、不可能だと思われた複雑な工事を見事に成功させてくれた配管工、新しい物の見方を教えてくれた再婚相手など、実際に知っている人を思い浮かべたケースもあるでしょう。

彼らには、何か共通点があるでしょうか？　平凡な人との違いは何でしょう？　あなたはクリエイティブなタイプでしょうか？　クリエイティブになりたいでしょうか？　この章を読み終えたら、その考えも変わるかもしれません。

あなたのクリエイティブ度がわかるテスト

ここで、簡単なテストをしてみましょう。以下の項目のうち、自分に当てはまると思うものにチェックを入れてください。

- □ 影響されやすい
- □ 有能
- □ 慎重
- □ 利口
- □ 平凡
- □ 知的
- □ 関心領域が狭い
- □ 関心領域が広い
- □ アイデアが豊富
- □ 礼儀正しい

- 生意気
- 保守的
- 従来の方法を好む
- 不満を覚えている
- 自分勝手
- 正直
- ユーモラス
- 個人主義
- 形式張らない
- 洞察力がある
- 独創的
- 思慮深い
- 機知に富む
- 自信がある
- セクシー
- 良識的
- きざ
- 従順
- 疑い深い
- 慣例にとらわれない

このテストは、カリフォルニア大学バークレー校のハリソン・ゴフが開発したもので、クリエイティブなパーソナリティのシンプルな測定手段としてさまざまな研究で用いられてきたものです。

スコアの算出方法は、「有能」「利口」「生意気」「自分勝手」「ユーモラス」「個人主義」「形式張らない」「洞察力がある」「知的」「関心領域が広い」「アイデアが豊富」「独創的」

「思慮深い」「機知に富む」「自信がある」「セクシー」「きざ」「慣例にとらわれない」にチェックした数の合計から、「影響されやすい」「慎重」「平凡」「保守的」「従来の方法を好む」「不満を覚えている」「正直」「関心領域が狭い」「礼儀正しい」「良識的」「従順」「疑い深い」をチェックした数の合計を引きます。スコア範囲は－12から＋18まで。＋10以上の人は、クリエイティブな人との類似性があります。

ナルシシストはアピール上手だが、クリエイティブとは限らない

誰かがクリエイティブであるかどうかは、どのようにして知ることができるでしょう？研究者の多くは、「クリエイティブな人とは、新規かつ実用的なアイデア、モノ、プロセスなどをつくった人」だと考えています。

つまり、単なる目新しさは、クリエイティビティとは呼べません。もしそうなら、目新しいものはすべてクリエイティブだということになってしまいます。同じく、実用的なだけでもクリエイティブとは言えません。クリエイティブであるには、新規性と実用性の両方が必要なのです。

この新規性と実用性を判断するには、何らかの基準が必要です。どのような分野であれ（フランス料理、有機化学、ラップ音楽、建築設計）、クリエイティビティは常に従来との

比較によって判断されるものなのです。

それゆえ、とくに初対面の相手のクリエイティビティを判断するのは簡単ではありません。就職の面接や顧客へのプレゼンテーションなどがその典型です。相手がナルシシストである場合には、さらに話がややこしくなります。

ナルシシストは、自らの製品やプロジェクトをクリエイティブなものだと見なし、自分やそのプロジェクトを目立たせることに全力を注ぎます。それは鳥類の求愛行動にも似ています。私も学会などの場では、羽を広げる孔雀のように自らの業績をアピールする自己陶酔的な学者をよく見かけます。

しかし実際には、ナルシシストが必ずしもクリエイティブであるとは限りません。にもかかわらず、ナルシシストは自らがクリエイティブであるという妄想を抱き、それを上手に他者にアピールするのです。

たとえば「ハリウッド映画の脚本のアイデアを売り込む」といった状況においては、熱意やカリスマ性を発揮できると、本当にクリエイティブな人間だと見なされる場合があります。このため、クリエイティビティを計るための客観的な基準が少ない分野ではとくに、ナルシシストの一度きりの売り込みだけで判断しないようにすべきです。

カリフォルニア大学バークレー校のパーソナリティ・アセスメント・アンド・リサーチ研究所（ＩＰＡＲ）もそれを実践しました。ある分野で長期的にクリエイティブな仕事をした人物や、卓越した仕事をした人物を評価するために、その分野の専門家の力を借りて、小説家や科学者、経営者、軍人、数学者、大学院生などの多様なジャンルを研究したのです。なかでもよく知られているのが、建築家のクリエイティビティについての研究です。

クリエイティビティは「能力」か「性格」か

彼らは、まず「北米でもっともクリエイティブな建築家を選ぶ基準を決める」という難しい仕事に取り組み、シンプルかつ厳格な三つの基準を決定しました。「斬新かつ革新的な建築物を設計してきたこと」「それらを発想だけではなく実際に行動に移したこと」「これらの作品によって建築分野の新しい基準を打ち立ててきたこと」です。

ＩＰＡＲは建築分野の専門家に、この三つの基準に従ったクリエイティブな建築家の選定を依頼し、40人の建築家を選びました。

この集団だけが研究対象だったのなら、この建築家たちに共通する特徴として、その有能さや、大都市圏で生活している比率の高さ、建築家コミュニティとの結びつきの深さなどを明らかにするに留まったでしょう。ＩＰＡＲの研究が優れていたのは、これらのクリエイティブな集団と同じ会社や都市で働いていた、非クリエイティブな建築家を対照群に設定したことでした。

ＩＰＡＲは週末にクリエイティブな建築家を10人単位で研究所に招き、評価を実施しました。建築家たちは近くのホテルに滞在しましたが、それ以外の時間はずっと心理学者による評価の被験者として、各種のインタビューや検査、パフォーマンス測定用のタスクを行い続けました。また、検査やタスクの合間の昼食時の行動や他者との「コミュニケーションの様子も、観察の対象になりました。タスクは意図的に難しいものにして、プレッシャーのかかる状況下での実行能力を評価できるようにしていました。

クリエイティビティを評価するのは簡単ではありません。クリエイティブな人が、必ずしも実験の場でクリエイティビティを発揮したいと思うとは限らないからです。とはいえ、期待通りにＩＰＡＲでの実験に身を任せ、その体験を楽しんでくれる被験者もいました。この研究は、他の集団でも行われました。このため、これ以降「クリエイティブな人」と言及した場合、ジャンルを問わないさまざまな人々を対象にしていると考えてください。

研究における一貫したテーマは「クリエイティブな人と、能力は高いがクリエイティビティの低い人のあいだには、能力や幼少期の体験、パーソナリティ、社会的役割などで違いはあるのか?」でした。

「クリエイティブな人」は「頭のいい人」なのか

クリエイティブな人は、そうでない人に比べて、単に知能が高いのでしょうか？　IPARの研究は、そうではないことを示しています。

両群のIQ値には、有意な差はありませんでした。とはいえ、この研究の被験者は皆、高学歴で専門的な仕事をしている人々です。一般的に、こうした人々の大半が当てはまる120以上の高いIQ値の場合、クリエイティビティはIQ値と無関係になります。

従来のIQ検査は、平均的なIQ値である「100」の人を区別する場合に信頼性が高く、値が両極に近づくにつれて、信頼性が低下していきます。そのため、両群に差が見られなかったのは、IQの測定ツールの精度が粗かったためかもしれないとも考えられます。

しかしIPARでは、IQ値120でもっとも信頼性が高まるように開発された特殊な評価ツールを用いていました。そして、この高精度のツールを用いた結果でも、クリエイティビティが高いグループとそうでないグループにはIQ値に違いは見当たりませんでした。つまり、クリエイティビティの高い建築家の知性は概して高いものの、クリエイティビティの低い建築家とのあいだに差はなかったのです。

では、クリエイティブな人の高校時代の成績はどうだったのでしょうか？　研究の結果、クリエイティブな人は、「オールA」をとるような秀才型ではなかったことがわかっています。ただし、全体的な成績はそれほど高くなくても、その人がクリエイティビティを発揮する分野の科目の成績は高く、それ以外の科目では平凡な成績というパターンが見られました。

自由な育ち方が創造性を育む

子ども時代や学校教育を通じて、クリエイティブな人にはいくつかの共通点が見られました。子どもの頃に家族から尊重されていたこと、自分の好きなことをさせてもらえたこと、自主性を育んだこと、両親と過度に親密ではなかったこと、両親との関係で強烈なネガティブ体験(たとえば、日常的にきつい体罰を受けていた)をしていないことなどです。

親と過度に親密ではないことには、子どもの独立性を損なうような息苦しさがないというプラス面があります。このように、クリエイティブな人は、子どもの頃から両親と気楽な関係にあり、それ以降の人生でも快適で親しみやすい間柄を維持していました。

同様のパターンは、宗教との関わりにも見出せました。宗派の違いは見出せませんでしたが、クリエイティブな建築家には、子どもの頃に宗教の教義よりも内なる価値観を育むことを重視していたという傾向が見られました。

子どもの頃に体験した引っ越しの回数が多いという共通点もありました。同じ土地で生まれ育った人に比べて、何度も引っ越しを体験した人は、新しい土地に適応するため柔軟性が高くなり、ものの見方が多面的になったと考えられます。

ただし、引っ越しが多い人は、孤立感を強める傾向もあります。昔からの友人に頼るのではなく、何でも自分自身で問題を解決しようとするのです。

このように、クリエイティブな人の子ども時代には、個人の感覚や自律性を尊重する、感情的・知的に自由である、などの共通点があります。

事実より「意味」や「意義」に関心をもつ人たち

IPARはこの研究で、「ストロング職業興味検査」も実施しました。これは、クリエイティブな人とさまざまな職業に従事する人の興味の方向性を測定したものです。

その結果、クリエイティブな人たちは、心理学者、作家、ジャーナリスト、弁護士、建築家、芸術家、音楽家と関心領域が近く、購買代理業者、事務員、銀行員、農業経営者、大工、獣医、警察官、葬儀業者とは大きく異なることがわかりました。

この傾向は、クリエイティブな人が事実そのものではなく、事実に内在する意味や意義などに興味があることを示唆しています。これらの人々は、慣習的で制約の多い活動を嫌います。細部へのこだわりがあり、柔軟な思考や洗練された言語表現、知的好奇心に優れています。自ら(場合によっては他者)の衝動やアイデアを取り締まるものに抵抗します。

さらに、クリエイティブな人の関心は女性的な領域において高いことがわかりました。

しかし、この結果は細かく見る必要があります。この検査で「コンサートや美術展を鑑賞する」といった女性的だと定義されている活動には、女性的というよりもむしろ文化的であると見なした方が適切だと思われるものも含まれているからです。

またこの結果は、一元的な尺度の両端で「男性的」「女性的」を測定するようになっていたので、この両方で高得点を得ることは不可能でした。後に、それぞれを独立した趣向として評価できる手法が開発されましたが、この手法でなら、クリエイティブな人が「男性的」「女性的」の両方のスコアが高かった可能性は大いに考えられます。

判断せずに、混沌を受け入れる

同様のパターンは、2章で説明した「MBTI(マイヤーズ・ブリッグス性格指標)」の結果でも見られました。MBTIでは、個人が物事をどのように理解しているかについて測定します。

まず、外向性で違いが見られました。クリエイティブな建築家には内向的な傾向がありました。その比率は全体の3分の2で、これは世間一般の内向的/外向的の比率と比べるとかなり高いものでした。

二番目の違いは、情報の解釈において見られました。一般的に、解釈の方法は大きく二つあります。一つは「認識」で、出来事を見てその意味や意義を自由に解釈します。もう一つは「判断」で、出来事を見てすぐに結論を導こうとします。

「判断」の趣向には、人生に秩序をもたらすというメリットはあるものの、何事も先入観をもって早急に結論を出してしまうために、新たに何かを学ぶ機会を逃してしまうというデメリットもあります。

クリエイティブな人には「認識」の傾向が見られます。この傾向は、結論を急がずにオープンな態度で関わろうとしますが、秩序を欠くことにもつながります。つまりクリエイティブな人は、混沌とした人生を生きていると言えるのです。

三番目の違いは、出来事や物事を理解する方法です。これにも二種類のやり方がありま す。一つは「識別」で、出来事や物事の意味を直ちに解釈し、分別していこうとする傾向です。もう一つは「直観」で、出来事や物事に潜む意味や可能性を理解しようとする傾向です。

一般的な人には、「識別」の傾向が強く見られます。〝現実的〟と呼ばれる人たちです。「識別」型の人は、「直観」型の人が目に見える事実以上の可能性を想像することに困惑し、じれったさを感じます。

予想通り、クリエイティビティの高いグループには、強い「直観」の傾向が見られました。「直観」型は一般人では約25パーセントです。これに対し、クリエイティブな人々を対象にしたIPARの研究では作家の90パーセント、数学者の91%、科学者の93%、そして建築家に至っては100パーセントが「直観」型だったのです。

四番目は「思考」と「感情」に関する傾向です。出来事や物事を判断する際、「思考」型はロジックや合理的な分析に、「感情」型は感情的な反応に基づきます。ここでは分野による違いが見られました。クリエイティビティの高いグループのうち、作家は「感情」、科学者は「思考」の得点が高く、建築家は「思考」と「感情」の傾向が半々に分かれたのです。

クリエイティブな人は複雑で非対称を好む

また、クリエイティブな人は「複雑、非対称、緊張的」なものを好み、低い人は「単純、対称、緩和的」なものを好むということがわかっています。IPARは、この傾向の違いを、視覚をテーマにして明らかにしました

目の前に、縦横1インチ幅のマス目に区切られた8×10インチのボードがあります。30分以内に、このマス目を縦横1インチの色とりどりのブロックですべて埋め、好みのモザ

イク模様を描くように指示されたとします。あなたはどのようなモザイクを描くでしょうか？

この種のタスクを実施したとき、クリエイティブなグループは複雑で非対称なパターンを、非クリエイティブなグループは単純で対称的なパターンをつくる傾向があることがわかっています。

同様の結果が、はがきに描かれたヨーロッパの絵画を評価するというIPARの研究でも見られます。クリエイティブなグループは、複雑、非対称、不均衡な絵画に強い好みを示しました。

また、クリエイティブな人は、プロジェクトの序盤で複雑さを好みますが、プロジェクトが進むにつれ、「解決すること」に強い動機を持つこともわかっています。彼らは長い時間をかけて複雑な問題に取り組みますが、最後には型にはまらないシンプルかつエレガントな方法で問題を解決しようとするのです。

クリエイティブな人は職場の問題児？

「自らのパーソナリティをどうとらえているか」をテーマにしたIPARの研究でも大き

な差が見られました。自分自身を説明する言葉として、クリエイティブな人は、独創的、個人主義、熱心、勤勉などを、クリエイティビティの低い人は、責任感がある、誠実、信頼できる、思考が明快、寛容、思いやりがある、などを選んだのです。

パーソナリティの細かな違いを評価できる心理検査「カリフォルニアパーソナリティ目録」でも、これと似た結果が示されました。この結果からは、有益な情報が得られます。この検査を開発した心理学者ハリソン・ゴフは、クリエイティブなグループについて次のように考察しています。

クリエイティブな人には次の特徴が見られた。社会的地位にふさわしい資質や属性を有していること。他者との関わり合いにおいて、落ち着き、自発性、自信が見られること。ただし、とくに社交的ではなく、人の集まりに積極的に参加するタイプでもないこと。

クリエイティブな人に内向的な傾向があるという他の研究結果と併せて考えると、彼らは、人間関係に積極的ではないと見なされることがあります。他者と深く関わろうとしないし、強く対立することもありません。その情熱は、自らのクリエイティブなプロジェクトの追求に向けられています。彼らが「よそよそしい」とか「傲慢」だと見なされることがあるのもこのためです。

状況によっては、魅力的で愛情深い人間として振る舞えるだけの、対人的な落ち着きや能力をもっているのですが、社交性を持続させるのは得意ではありません。それ故、そのカリスマ性に魅力を感じながらも、クリエイティブな人の気まぐれな態度に不満を覚えている周りの人間と摩擦を生じさせることもあります。ゴフの説明をさらに見てみましょう。

クリエイティブな人の知的なスタイルには次の特徴が見られる。知的、率直、頭の回転が速い、要求が厳しい、攻撃的、自己中心的、説得力がある、弁が立つ、自信がある、物怖じしない、悩みや不満を包み隠さずに表現する。

クリエイティブな人は、一緒に働く人に対して要求が厳しく、時には無自覚のうちに、気の弱い人を怯えさせることもあります。クリエイティブな人と連携することの難しさは、彼らが慣習を嫌う点や、大胆な行動をとること、時には奇妙な振る舞いをすることからも推測できます。

クリエイティブな人は慣習にとらわれず、他者にとくに好印象を与えようとも思っていない。そのために大きな独立性と自律性を手にしていて、自分を型破りな存在だと見なしている。独立した思考と行動が求められる状況ではモチベーションが高まるが、規則や慣習に従う行動が求められる状況においてはモチベーションが弱まる。

こうしたパーソナリティを考えると、組織がクリエイティブな人の扱いに手を焼いていることが容易に想像できます。クリエイティブな人は、個人主義を重んじ、他者にとくに好印象を与えようともしないので、組織内でさまざまな軋轢《あつれき》を生じさせる可能性があるからです。

とくに、気配りや外交術、ギブアンドテイクが求められる状況では、組織に大損害を与えかねません。クリエイティブな人は、魅力やカリスマ性がある一方で、血の気が多く、同僚に必死に懇願されても自らを抑えることができない場合もあります。このため賢明な管理職は、従来型の問題解決や慎重かつ賢明な判断が求められるような議題を扱う会議には、クリエイティブなタイプを参加させないことがあります。

よくも悪くも、クリエイティブな人が独創的であることには疑いがありません。ということは、彼らは〝変わり者〟と呼ばれる典型的なタイプなのでしょうか? 〝天才と狂気は紙一重〟といった昔ながらの物の見方が、正しいということなのでしょうか?

変わり者は人生を愛し、楽しんでいる

クリエイティビティ、奇行、精神障害を区別することは重要です。この三つには共通点がありますが、大きな違いもあります。まず、奇行について少し寄り道をしながら考察し、その後でクリエイティビティと精神疾患の関係について見ていくことにします。

私は毎年数カ月間、イギリスのケンブリッジ大学に滞在しています。そこには変わり者と呼ぶべき人が少なからずいます。たとえば、ハンドルの高い自転車に乗って、石畳の通りを恐ろしいスピードで走る年配の女性です。カダフィ大佐を思わせる軍服を着て、明るい色の毛糸の帽子をかぶり、赤のスニーカーを履いています。私は彼女をモーデと呼んでいました。

モーデはいつも、騒々しい音を鳴らす笛を咥えていました。気にくわない人がいると、相手が逃げ出すまでその笛をけたたましく鳴らし続け、興奮すると猛スピードで自転車を走らせます。モーデが道路を疾走するとき、キャンパスを訪れていた中国人観光客がボウリングのピンのように四散するのを何度も目にしました。

モーデは明らかに変わり者でした。しかし、私が知る限られた情報だけでは、彼女がクリエイティブな人間なのか、あるいは単にひどく興奮することが多い人間なのかをはっきりと区別するのは難しいと思います。ケンブリッジという土地柄から、彼女はひょっとし

たら、ひっきりなしに訪れる大勢の観光客から愛する母校を守ろうとする名誉教授だったのかもしれません。とはいえ私は、モーデが銀行のATMの前でも笛を吹いているのを見たことがあります。つまり、彼女の奇行は日常的なものだったのでしょう。

精神障害者と変わり者を区別する方法の一つは、変わり者が自らの人生を「極めて幸福だ」と感じていることです——多くの人が、人生を不思議で当惑するものだと見なしているにもかかわらず。

モーデは他者に対して激しく笛を鳴らしてはいましたが、自らが他者に与える影響にはあまり自覚的ではないように思えました。おそらくそのために、彼女は自らの世界の中で幸福感を覚えていたのです。

モーデが精神障害を患っていた可能性はありますが、必ずしもそうだとは言い切れません。また、必ずしもクリエイティブな人間だとも言えません。とくに「革新的で慣習にとらわれないアイデアを、困難な問題の解決策に変える」というクリエイティビティに関する定義に従うのなら、なおさらです。

変わり者はクリエイティブな人とは違い、社会から求められる行動よりも、自分にとって大切なパーソナル・プロジェクトに極端に取り憑かれています。また、精神疾患者とは違い、自分自身であることに幸福を感じ、慣習にいっさいとらわれず、制約のない世界で自由に生きています。

前述したように、クリエイティブな人は他人に好印象を与えようとすることにあまり興味がなく、否定的なものも含めて感情を表に出す傾向があります。この点は、変わり者と似ています。

しかしIPARは、クリエイティビティの高いグループに精神病理の兆候が見られるかどうかに強い興味を持っていました。一見すると、そうした兆候があるように思えたからです。

その際の最適な指標として、「ミネソタ多面人格目録（MMPI）」が用いられました。この心理検査では、抑うつ、ヒステリー、偏執症、統合失調症などの精神疾患を有する患者と回答者との類似性を測定できます。

その結果、クリエイティブな人は、一般人よりも精神疾患患者との類似性が強く見られました。クリエイティブな人は独創的なだけでなく、かなりの変わり者であるという意見に、妥当性があったということです。

それは彼らが精神疾患にかかるリスクが高いということなのでしょうか？　この質問に対する私の答えを端的に言えば、「ノー」になります。しかしこれは複雑な問題なので、詳しい説明が必要です。

精神疾患者とクリエイティブな人を区別する「自我強度」

精神疾患とクリエイティビティを区別するためには、MMPIの尺度である「自我強度」が役に立ちます。

このスコアが高い人には、知的、機知に富む、現実的、対立に強い、などの特徴が見られます。クリエイティブな人は自我強度のスコアが高く、精神疾患者のスコアは低いことがわかっています。

私はある企業のコンサルタントをしていたときに、自我強度を吟味することの重要性を理解するようになりました。その企業は、ある部門の責任者の選定を終えたばかりでした。落選した候補者の1人(ここでは仮にダンと呼びます)は、クリエイティビティの高さで業界内に名が知られ、〝ビジョナリー〟とも呼ばれていました。

私はダンが落選した理由の一つは、選考委員会が彼の検査結果を見て、「頭がいかれている」とやや品のない言葉で評価していたためだと知りました。心理学者である私に求められていた役割は、人事採用に心理検査を利用するよう助言することでした。しかし、私はこの種の目的のために心理検査を用いることに極めて懐疑的でした。

そこで、この会社の許可を得て、ダンの結果を見ると、案の定、精神病理学尺度のスコアが高く、自我強度のスコアは算出されていませんでした。しかし、自我強度尺度の項目を調べて算出すると、ダンのスコアが極めて高いことがわかりました。

つまり選考委員会は、ダンのパーソナリティにあるプラスの側面を見逃したことで、真にクリエイティブで情熱的なリーダーを雇い損ねたのです。

たしかに、ダンは変わり者でした。しかし彼はまた、聡明で意欲があり、独創的で、ときとして型破りなアイデアをクリエイティブな方法で実現させる能力があったのです。ダンは変わり者であると同時に、独創的だったのです。

フィルターを通さずに混沌とした情報を受け入れる力

最近の研究では、変わり者、クリエイティブな人、精神疾患者には、身の回りで生じる不要な情報を除外するための「フィルタリング能力が低い」という共通点がある可能性を示しています。

私たちが環境に適応して生きていくためには、動機的、戦略的に重要ではない情報をフィルターにかけなければなりません。クリエイティブな人、変わり者、精神疾患者（とくに統合失調症）は、この情報のフィルター機能が低いことがわかっています。

しかし、これには利点もあります。それは、フィルタリング能力が高い人なら排除してしまうようなさまざまなアイデアやイメージを、アイデアの源として保持し続けられることです。そのために、クリエイティブな洞察力や鋭敏な感受性、斬新な視点などが得られます。その一方で、フィルター機能が弱いために、入ってくる大量の情報に圧倒されてしまうリスクもあります。

では、同じようにフィルター機能が低いクリエイティブな人と精神病疾患者とのあいだには、どういう違いがあるのでしょうか?

ジョーダン・ピーターソンらによるハーバード大学の学部生を対象にした研究は、知性と優れた短期記憶が重要な要因になるという大きなヒントを示しています。

つまり、知性が高ければ、フィルターをくぐり抜けて入ってくる情報の洪水に対応しやすくなるのです。この結果は、ＩＰＡＲ研究における自我強度の位置づけと似ています。知性と自我強度が高いことで、複雑な状況や、大量の情報に適応しやすくなるのです。逆にこれらが低いと、有用性の低い情報の洪水によって圧倒されてしまいかねません。

ＩＰＡＲの被験者の一部は、深刻な心理的問題を抱えていたことがわかっています。とはいえ、それはごく少数でした。クリエイティブな人は、そうした情報の洪水や混沌とした状況を乗り越え、クリエイティブなプロセスに自らを投入することができます。

落ち着きや陽気さといったパーソナリティは、ディズニーランドへの社員旅行の責任者にとっては相応しいものかもしれませんが、型破りな発想を抱くだけではなく、それを独創的なアイデアに結びつけられるのは、機知に富み、複雑で、挑戦的で、神経質なパーソナリティである場合が多いのです。

サポーターがいなければ、世界にクリエイティブな発見はなかった

何かの授賞式で、クリエイティブなプロジェクトの立て役者となった受賞者が、成功したのはサポートしてくれた誰かのおかげだというスピーチをするのはよく見られる光景です。これが本心からの言葉なのか、ある種の社交儀礼的なものなのかは議論の余地を残すところです。が、このセクションでは、たしかな研究結果に基づいて、クリエイティブな人と共に働く人たちのことを称賛してみたいと思います。そう、ＩＰＡＲの研究で対照群となった〝クリエイティビティの低い人たち〟の価値に注目したいのです。

ＩＰＡＲの研究の目的は、各分野で変革をもたらしたクリエイティブな個人に共通するパーソナリティの特徴を見つけることでした。建築家を対象にした場合では、クリエイティブな人を選定する際の基準は〝建築業界に恒久的な影響を与えた革新的な建築プロジェクトを成功させた実績があること〟でした。しかし、これらのクリエイティブなプロジェクトを成功させるためには、誰かの助けが必要であったはずです。

クリエイティブな人には多くの素晴らしい資質がある反面、共に働く際にはさまざまな

摩擦を生じさせることがあります。自分のことで頭がいっぱいで、短気で、細かな仕事を軽視し、協力的かつ合議的な作業環境を築くためのコミュニケーションに関心が薄いといった傾向があるからです。にもかかわらず、どうして彼らはクリエイティブなプロジェクトを成功させられるのでしょうか?

一般に、独創的で革新的な偉業は、1人のクリエイティブな英雄の頭から生み出されるという考えがあります。しかし、それは正しくはありません。注目すべきは、その周りの人々の特徴です。

前述したように、独創的な人をサポートする人たちの性格には、責任感、誠実、信頼、明快な思考、寛容、思いやり、安定した人間関係、細かな作業を苦にしない、などの特徴があります。これらはまさに、クリエイティブなプロジェクトの実現に不可欠の属性です。

世の中を変えるクリエイティブなプロジェクトは、イノベーターだけの力で実現できるわけではありません。交渉や会計の担当者、地味な仕事をこなしてくれる人や気配りのできる受付係まで、さまざまな人の協力が必要なのです。

クリエイティブなヒーローが、ときとしてあっと言わせるような方法で周りに影響を与えているのは事実です。しかし彼らはまた、補完的なパーソナリティをもつ他者に支えられているからこそ、革新的なプロジェクトを実現できるのです。

この関係性を考えると、クリエイティビティの高い建築家と同じ会社で働く人たちが味わっているであろう苦労が想像できるはずです。IPARの研究もこれを裏付けています。

クリエイティビティが高い建築家と共に働いていた人たちは、一般の会社に勤める人たちと比べて心理的適応が低く、不安が高く、葛藤を抱えていたのです。この研究を率いたマッキノンは、彼らが葛藤を抱えているのは、クリエイティブな〝スター建築家〟と似た属性を多く持ちながら、スター建築家と違って自分の仕事のために積極的な行動がとれないことが原因だと考察しています。

自らもスターになる能力を秘めていながらも、クリエイティブなスターをサポートするための脇役的な仕事に多くの時間と労力を費やさなければならない人が、多くの葛藤や不安を体験していることは、容易に想像できます。私は、これとよく似た作用が、家庭やスポーツチームの内部でも見られると考えています。

ダーウィンが病気に苦しめられた理由

この章の冒頭では、あなたがクリエイティブであるかどうか、そしてこの章を読み終えた後でもクリエイティブな人間でいたいかどうかを尋ねました。

クリエイティブな人間であることは並大抵のことではありません。そこには、さまざまな負の側面があるからです。経験に対してオープンであるために、不安や抑うつなどの感情を覚えやすく、制御を失うことも珍しくありません。また、慣習に従わないことで反発を食らいやすくなります。人は慣れ親しんだ行動を簡単には手放そうとはしません。クリエイティブであろうとすれば、周りから煙たがられることが多くなります。

そして、クリエイティブな仕事には多くの労力を伴います。クリエイティブなプロジェクトに情熱的に打ち込めば、睡眠時間の減少や周囲との軋轢、健康の悪化などが生じやすくなります。あなたはそれでも、クリエイティブな人間でいたいと思いますか?

とはいえ、クリエイティブであることにはポジティブな側面もあります。まず、前述したように否定的な感情を味わいやすくなりますが、経験に対してオープンな分、一般的な人よりもポジティブな感情も体験しやすくなります。喜びや楽しさ、高揚感を味わいやすくなり、それによって否定的な感情を埋め合わせることもあります。

また、慣習に逆らうことは体力を消耗しますが、クリエイティブなプロジェクトによって従来のアプローチでは解決できなかった問題を解決できたときには、大きな高揚感を味わえます。この高揚感は、さらなるクリエイティビティを追求しようとする動機づけにつながります。自分の内から生まれる内発的な動機は、誰かから指示をされた場合に比べて、はるかに大きなものであることがわかっています。

さらに、クリエイティブであることには健康面での代償がつきものですが、そこにはそれなりの理由がある場合もあります。

チャールズ・ダーウィンのケースを考えてみましょう。ダーウィンが長年にわたって病気に苦しめられていたことはよく知られています。頭痛、動悸、嘔吐、鼓腸《こちょう》、胸の痛みなどを頻繁に体験していたのです。これらの症状が最初に現れたのは、有名な5年間にわたるビーグル号での航海に出発する前のことでした。

航海中、ダーウィンの体調は良好で、イキイキとしていました。しかし、イギリスに帰国すると、症状が再発しました。医師は原因をつきとめられませんでしたが、自宅療養を強く勧めました。これまでに大勢の人が、ダーウィンの症状の理由を解明しようとしてきましたが、なかでも興味深いのが、ジョージ・ピカリングによる説明です。

ピカリングは著書『Creative Malady』（創造的な疾病）の中で、ダーウィンやナイチンゲール、プルーストのようなクリエイティブな人にとって、病気はそのクリエイティビティを向上させた可能性があると考察しています。心の病気はクリエイティビティを高め得るものであり、ダーウィンの病気もわずらわしい人付き合いから解放されるために役立った、というのです。

ダーウィンが書いた手紙も、この説の信憑性《しんぴょうせい》を大いに高めています。ダーウィンは地質学会の事務局長への就任の誘いを、動悸が激しいという理由で断っています。就任すれば人付き合いが大量に増えますが、ダーウィンが何よりも人間関係のいざこざを苦手としていたことも明らかでした。

保守的な考えが社会を支配し、人類が動物から進化したなどとは誰も信じていなかった時代に、ダーウィンが唱えたような説を主張することほど物議を醸すものはなかったはずです。ダーウィンは病人として隠棲《いんせい》し、社会との関わりを逃れることで、進化論を書き上げるというコア・プロジェクトに没頭できたのです。ピカリングが詳述しているように、ダーウィンは人生のすべてを注ぎ込むことによって、この記念碑的な偉業を達成しました。

クリエイティブな人は、過敏ゆえに幸福度が下がる

ダーウィンは、妻のエマをはじめとする人々の支えがなければ、クリエイティブな仕事を続けることはできなかったはずです。43年間の結婚生活を通じて、エマは最愛の夫〝チャーリー〟を外界の刺激から守り、毎日ピアノを奏でて安らぎを与え、秘書や編集者の役割を務め、庭のコテージで一緒に時を過ごしました。

クリエイティブな人には風変わりで独創的な特徴があるゆえに、誰かの支えが必要です。こうした周囲のサポートはめったに脚光を浴びることはありませんが、ダーウィンはその大切さをしっかりと認識していて、このような文書を残しています。「エマは私の宝物だ。私は生涯を通じてよきアドバイザーであり、明るく励まし続けてくれた。妻がいなければ、私はずっと病気を患いながら惨めな人生を送ったことだろう」

パーソナリティやクリエイティビティに関する研究からは、自分や他者を理解するうえでどのような知見を得られるのでしょうか。章の冒頭で紹介したクリエイティビティに関するパーソナリティ尺度のスコアが高かった人は、「クリエイティブな人の特徴」の説明を自らと重ね合わせながら読み進めてきたのではないでしょうか。

クリエイティブな人は、一般人なら無視したり気づかなかったりするような感覚やイメージ、思考に対してオープンで敏感ですが、そのために苦しみを味わったり、人間関係に摩擦が生じたりすることもあります。

しかし、レディー・ガガの言うところの、豊富なアイデアとの〝コンドームをつけないセックス〟を通じて生まれるクリエイティブな成果は、斬新な視点で問題を解決し、自分はもちろん周りにも利益をもたらすことができます。

逆に、冒頭のパーソナリティ尺度のスコアが低かった人は、クリエイティブなプロセスにおいて自らが果たす役割には大きな価値があることに自信を持ちましょう。既存のものを変えることには困難や不安、危険がつきものです。クリエイティブな人のパーソナリティ特性は、新しく独創的なアイデアを生み出すことには適していても、それを実現することには適していないのです。

幸福度にはさまざまな側面があります。

クリエイティブな活動に情熱を注ぐことからは大きな喜びが得られます。それは人生にとって何よりも重要なものにも、世界を変えるものにもなり得ますが、健康や人間関係にマイナスの影響をもたらすこともあります。

結局は、自らの心の声に従って何を選ぶのか、自分で判断する必要があるのです。

第8章

住んでいる場所が「生活の質」を決める

――SNSで回復する人、疲れる人

あなたは今、どこでこの本を読んでいますか？

街のコーヒーショップ？　庭のテーブル？　インターネットをしながら？　長く退屈な通勤中？　読書用の隠れ家？

活気や刺激のある環境と、落ち着いた静寂な環境のどちらが好みですか？　自分が好きな場所が、パートナーにとって苦手な場所だったりはしませんか？　ツイッターにどっぷりとはまることに抵抗はありませんか？　SNSは有害なものだとは考えていませんか？

この章では、環境とパーソナリティの関係、そしてそれが幸福にもたらす影響について考察していきます。

生活の質を高めるためには、環境とパーソナリティとの関わり合いを考えることがとても重要です。また、インターネットを通したサイバースペースを視野に入れると、「場所」についての概念が根本的に変わることについて説明していきましょう。

プライベートを重視した都市は不健康なのか?

アレグザンダーはケンブリッジ大学で数学と建築を学んだ後、ハーバード大学に新設された建築学科の博士課程に進み、博士号を取得しました。その著書『形の合成に関するノート/都市はツリーではない』(鹿島出版会)は、幅広い学術分野に多大な影響をもたらし、さまざまなデザイン分野でいまだに強い影響力をもっています。

しかし、建築分野においては評価が分かれました。アレグザンダーは、建物を設計するための最良の方法は、その地域の人々が長年にわたって培ってきた建物に関する智恵を活かすことであり、建築家の頭の中から生まれるものではないと考えていました。この、実質的に「建築家は不要だ」という主張は、多くの建築家にとって受け入れがたいものでした。

アレグザンダーは、デザインは、そこに住む人々の根源的な欲求に応えるものでなくてはならないと考えました。では、住民の欲求に基づいてデザインするために、建築家やデザイナーは何を知る必要があるのでしょうか?

「The City as a Mechanism for Sustaining Human Contact」(人間同士の接触を保つ仕組みとしての都市)と題した文章の中で、アレグザンダーは心理学、社会学、精神医学の広範な研究結果に基づいて、この問題に正面から取り組んでいます。

他者との親密な接触は人間の普遍的な欲求であり、幸福度にとって不可欠だというのが、彼の主張でした。「人は、3、4人との親密な交流がある場合にのみ健康で幸福になれる。社会は、個々のメンバーがさまざまな場所で3、4人との親密な交流をしている場合のみに健全だと言える」

これらの交流は、肩肘を張らず、安心してありのままの自分をさらけだせるようなものでなくてはなりません。そのためには、毎日のように相手と会い、役割にとらわれない自由な会話をできることが必要です。飾ることのない「自然体の自分」でいられることが重要なのです。

アレグザンダーは、産業革命以前の小さな町はこの欲求を十分に満たしていたが、工業化が進み、人間の住居が共同体的なものからプライベートを重視したものに変わるにつれて、個人と社会の幸福度が脅かされるようになったと考えました。人間がプライベートを重視することに、大きな庭でたった1人で遊ぶ子どものイメージに象徴されるような、病的なものを見ていたのです。多くの人はこうしたイメージをポジティブにとらえていましたが、アレグザンダーにとっては、個人と社会への脅威になる歪んだシステムの象徴に他なりませんでした。

アレグザンダーは、住居の設計に心理学の知見を取り入れ、親密な交流が脅かされないようにすることが、この問題の解決策になると考えました。そして、子どもたちが一緒に遊んだり、大人たちが気軽にお互いの場所に立ち寄れたりするような、社会的接触を促進する都市デザインを提案しました。

誰かにとっての幸福な場所も、誰かにとっては苦痛の場所になる

パーソナリティ心理学者である私は、「人間の欲求」と「環境のデザイン」の関係についてのこうした主張を、大きな関心といくらかの懐疑心を持って読むようにしています。

第1章の冒頭で引用した、「人は誰でも、あらゆる人と似ていて、一部の人と似ていて、誰にも似ていない」という言葉を思い出してみましょう。アレグザンダーは、彼がデザインする都市が促す親密な交流は、すべての人に必要だと考えました。しかし、本書を通じて繰り返し見てきたように、パーソナリティには個人差があります。私たちは、あらゆる人と似ていると同時に、誰にも似ていないのです。そのために、アレグザンダーが設計したビレッジは、ある人にとっては喜びをもたらすとしても、別の人にとっては苦痛の場所にもなり得るのです。

とくに関連性が高いのは内向型／外向型の特性です。毎日のように3、4人と親密に交流をすることは、外向型の人にとっては理想的な環境かもしれませんが、内向型の人にと

ってはそうではないはずです。

アレグザンダー・ビレッジは、親密な交流を促すために設計された、密度と刺激の高い理論上の都市でした。

では次に、都市の刺激が幸福度に及ぼす影響について、まったく別の視点から考えてみましょう。本書ではこれを、「ミルグラム・ポリス」(ミルグラムの都市)と呼ぶことにします。

情報の洪水が「都会の表情」をつくる

第1章では、心理学者のスタンレー・ミルグラムによる、日常生活の中でよく見かけるが、相手のことを詳しくは知らない「見慣れた他人」についての考察を紹介しました。ミルグラムの根本的な考えは、都市が生み出す刺激が累積すると、人間の幸福度に強い悪影響が生じるというものでした。

ミルグラムは、都市には三つの特徴があると主張しました。「人が多いこと」「空間が狭いこと」「多種多様な人間がいること」です。これら三つの要因が重なることで、私たちの心は〝過剰な情報〟によって圧倒されてしまいます。そのため、人間は環境からの刺激を減らそうとしてさまざまな戦略をとります。この戦略は個人のレベルではポジティブな効果をもたらしますが、社会全体では問題を引き起こすことがあります。この戦略は三種類に大別できます。それぞれについて見ていきましょう。

一番目は、刺激に費やす時間の量と質を減らすことです。これをよく表すのが、都市部と農村部での日常的なやりとりのテンポの違いです。都市では生活のペースが速くなります。人が歩くスピードは速く、コミュニケーションも簡潔になります。足早に歩くことで、過負荷な情報を生じさせる他人や出来事を意識から遠ざけようとしているのです。

コミュニケーションも同様です。たとえば、都会と田舎の郵便局で切手を買う際の所要時間を測定した研究があります。都市の郵便局では、客と局員のやりとりは極めて短時間でコミュニケーションの質は低くなっていると考えられます。小さな町の郵便局では、天気の話から猫の服まで、話題はどんどんと広がっていきます。都会では、たとえこうした話題に興味があったとしても、話している暇はありません。列の後ろには他の客が並んでいるからです。「よい1日を。次の方どうぞ！」というわけです。

二番目は、重要度の低い情報を無視することです。私たちは、都市で生じるある種の刺激を意識的にシャットアウトしています。ただし当然ながらこの戦略は、過負荷から個人を守る一方で、大きな社会的コストにつながる可能性があります。

都市には多様な人間がいて、さまざまな出来事や状況が生じます。たとえば、自分にとって重要度の低い種類の人を無視するという戦略をとるとします。30歳以上の人、タトゥーを入れている人、背の低い人、浮浪者、レンジローバーに乗っている人——。もちろんどのような条件であれ、ひと目で相手を見分けなければいけません。身体のサイズや皮膚の色、衣装などの視覚的な要素は、効果的なフィルターになります。しかし、たとえば「特定の政治的思想を持った、ポストモダニズムの社会学者」などは外観から判断しにくくなります。

三番目は、そもそも情報を発生させないようにしてしまうことです。たとえば、都市に住む人は田舎に住む人に比べて、あまり電話帳に名前を記載しません。不要な刺激を減らそうとしているのです。

他にも、不要な社会的刺激を遮断するために、「相手に関わる意思がない表情をする」といった方法もあります。私は、とくに女性には、都市によってこの点で違いがあると考えています。たとえばトロントでは、それは前をまっすぐに見て、わずかに迷惑そうな表情を浮かべることです。モントリオールでも基本的にそれと同じですが、わずかに眉毛をつりあげ、毅然とした表情をしているように見えます。

都市で他者に介入することはできない

もし都市に足を踏み入れる度に、大量の情報への対処策を意識的に選択しなければならないのだとしたら、私たちはヘトヘトになってしまうでしょう。しかし幸い、都市部ではその心配は不要です。都市では、〝他者には介入しない〟という規範があるからです。都会では、他者に介入しない理由を求められたりはしません。求められるのは、他者に介入する理由の方です。この規範は極めて強力です。ミルグラム自身もそれを目の当たりにしています。

そのきっかけは、ミルグラムが義母から「なぜニューヨークの地下鉄では、誰も一目見ればわかる白髪の高齢女性に、席を譲ろうとしないの？」と尋ねられたことでした。好奇心旺盛なミルグラムは、その答えを解明しようとしました。

彼はまずボランティアの大学院生を募り、マンハッタンの地下鉄の車内で座っている人に座席を譲ってもらうよう尋ねてほしいと依頼しました。このときに相手に伝えることになっていた言葉にはいくつかのバリエーションがありましたが、なかでも興味深いのは、単刀直入に「席を譲ってもらえますか？」と尋ねるものでした。大学院生の多くは、熟考した末にこのボランティアを断りました。1人の学生が果敢にも志願し、「席を譲ってくれた人がいた！」と興奮しながら研究室に戻ってきましたが、それは極めてストレスが大きな体験だったということでした。

そこでミルグラムは自分自身で試してみることにしました。が、地下鉄の車内で座っている人に近づき、席を譲ってもらうよう尋ねるのは窒息しそうなほど苦しいもので、実際にミルグラムは気分が悪くなってしまいました。

他者に介入しないという規範はとても強力で、既に私たちの心に内面化されてしまっているために、この規範を破ろうとすることは大きな苦痛を伴うのです。

ミルグラムにとって、これが都市に住むことの本質でした。つまり、都市は過負荷な刺激を生み出す装置なのです。そして人は、その刺激を減らすための適応戦略を採用し、都市ではそれが当然の規範と考えることで、この問題に対処しようとしているのです。

それぞれの性格にあった環境とは?

では、ここでもう一度「アレグザンダー・ビレッジ」と「ミルグラム・ポリス」のレンズを通して都市を見てみましょう。

アレグザンダーは、都市は個人主義や孤立感を助長するものであり、そのためにもっと人間同士がつながり合い、親密な交流ができるように、根本的に設計しなおすべきだと考えました。ミルグラムは、都市は人間同士の接触や刺激があまりにも多く、過負荷になるため、そのネガティブな影響を緩和するための戦略が必要だと考えました。

まず、2人の視点に違いがありました。アレグザンダーは主として住宅や地域のレベルで環境デザインについて考え、ミルグラムは都市の性質について考えていました。また、アレグザンダーは人間の生活の質を高めるために都市のデザインを記述しようとし、ミルグラムは都市での生活体験そのものを記述しようとしました。

さらに、都市についての2人の考えには、本質的な違いがありました。アレグザンダーは人間の普遍的な欲求を満たすために人間同士の接触を促すべきだと考え、ミルグラムは情報の洪水に圧倒されないように、人間同士の接触を減らすべきだと考えたのです。

そして、2人とも自らの考えがすべての人に当てはまることを前提にしていました。つまり、刺激への反応について、「個人差が大きい」という視点を見逃していたのです。

アレグザンダーは現代の住居を、孤立や個人主義を増長する、刺激の少ない場所だととらえました。しかしこのような環境は特定のパーソナリティ、とくに内向的な人や自己解決型の人にとって魅力的であることもあります。一方で、アレグザンダーが提案した解決策（アレグザンダー・ビレッジ）は、体験に対してオープンな外向型の人にとって魅力的なものだと言えるでしょう。

また、ミルグラムが描写した、不特定多数に向けられた無数のメッセージがひっきりなしに飛び交う過負荷な刺激の源としての都市も、外向型やタイプAにとっては、望ましい場所になるでしょう。

つまり、誰かにとってのユートピアは、別の誰かにとってのディストピアになり得ます。そのために、生活空間の設計は、パーソナリティと場所の関係性についての知見を反映すべきです。そして、この関係性を理解するには、ビッグファイブ以上のものが必要になるのです。

環境パーソナリティ――環境に対する八つのスタンス

外向性や情緒安定性などの「主要五因子」を知ることは、私たちが自然に引き付けられる場所を理解するのに役立ちますが、あくまでもおおまかなガイドにすぎません。環境心理学者はこれよりもはるかに洗練されたガイドとして、人間の環境に対する志向を表す「環境気質」を提供しています。

ジョージ・マッケクニーは、この環境気質を包括的に評価する、「ＥＲＩ」を開発しました。ＥＲＩは、私たちの日常的な環境に対する八つの気質をスコアで示します。現在、引っ越しについて、パートナーやルームメイト、家族と検討中の人は、以下の八つの気質についての説明を参考にしてもよいでしょう。あなたはどれに当てはまるでしょうか。

▼自然志向（ＰＡ＝Pastoralism）

手つかずの自然に対する感受性が強く、人間の手による土地の開発を嫌い、広いスペースを好み、自然保護を評価する傾向があります。自然の力を人間の生命を形づくるものとして受け入れ、自然な環境での自給自足という考え方を支持します。

▼都会志向（UR＝Urbanism）

人口密度の高い地域での生活を享受し、都市がもたらすさまざまな刺激を好みます。文化的な生活に関心を持ち、人間の多様性の豊かさを楽しみます。

▼環境への適応（EA＝Environmental Adaptation）

自然を、人間の欲求を満たすための快適さやレジャーを提供するものと見なします。そのため、必要であれば自然を開発することも当然だと考えています。土地の個人利用や土木技術の採用を肯定的にとらえ、人間によって手入れされた自然環境を好みます。

▼刺激の探究（SS＝Stimulus Seeking）

旅行や変わった場所の探索に大きな興味を示します。強烈で複雑な身体的感覚を楽しみ、興味の対象が幅広いという特徴があります。

▼環境への信頼（ET＝Environmental Trust）

環境への信頼が高く、環境に対してオープンで、自らの判断で周囲を探索する能力に自信があります。セキュリティへの関心が低く、独りでいるときや保護されていない状態でも快適でいられます。

▼歴史志向（AN＝Antiquarianism）

歴史的な場所を楽しみ、デザインも現代風のものよりも伝統的なものを好みます。意匠を凝らした建物や景観、歴史的な文化財などへの美的感受性が高く、思い入れのある物を収集する傾向があります。

▼プライバシー優先（NP＝Need for Privacy）

刺激や気晴らしを遮断することへの強い欲求を持っています。孤独を楽しみ、隣人との過度の接触を嫌います。

▼仕組みへの志向（MO＝Mechanical Orientation）

ものごとの仕組みやさまざまな形の力学に興味があります。実際に自らの手を動かすことを楽しみ、技術的なプロセスや科学的な原理に関心を示します。

「都会派」と「田舎派」の違い

新しい土地に移り住むことを検討中のカップル、ドナルドとレイチェルがいるとします。移住の理由は経済的なものではなく、ライフスタイルの選択です。幸い2人には、好きな場所に引っ越せるだけの経済的な余裕があります。

ＥＲＩのスコアはドナルドが「都会志向」と「刺激の探究」が、レイチェルは「自然志向」と「歴史志向」が高いという特徴があります。2人は移住先について簡単には合意に至らないでしょう。知的な志向だけでなく、感情的な志向でも違いが見られるからです。

ドナルドの「都会志向」の傾向は、どのような価値につながるでしょうか。マッケクニーはこれを次のように描写しています。

人生の本質は他者との関わりにある。都市は魅力的でさまざまな知識をもつ人たちが集い、人口密度の高い都会でなければ不可能な文化的、美的、知的な暮らしを可能にしている。

また、ドナルドの「刺激の探究」の高さは、次のような視点に出来します。

人生は冒険だ。そこにはすべきことがあり、登るべき山があり、探索すべき都市がある。生き

ることは感じることであり、周囲の環境に敏感になり、反応していくことだ。この冒険は、つまらない規則や慣習に邪魔されるべきではない。新しくユニークで、未体験の刺激的な体験を追い求めることにこそ、人生の価値がある。

ドナルドが、人との交流や文化の多様性、刺激的な冒険といった自らの欲求を満たせる場所へ移住したいと考えるのも無理はありません。ドナルドは、できることなら大都市の中心部にあるアパートの最上階に住み、都市生活を最大限に味わい尽くしたいと考えているのです。

しかしレイチェルにとって、都市はまったく魅力的ではない場所です。「自然志向」が強い彼女は、環境に対してドナルドと大きく異なるスタンスをとります。

自然の神秘や美しさを味わいたい。自然を生活にとりいれ、人生を形づくるものにしたい。自然を傷つけたり、搾取したりはしたくない。生態系を理解し、自然と共に生きることこそが、人生の支えになる。

また「歴史志向」の強さも、レイチェルの好みに繊細な影響を与えています。

モノは、記憶や思い出の扉を開く。緩やかな曲線を描く花瓶や、細部に至るまで精巧につくられたテーブルからは安らぎが感じられる。それは、未来を生きるための気持ちや力強さ、アイデンティティを与えてくれる。人生は、思い入れがあり、安らぎや美しさをもたらしてくれる身の回りのモノによって支えられている。

レイチェルの望みは、田舎の小さな村でアンティーク・ショップをオープンすることでした。店名は「沈黙の春」にし、フェアトレードのコーヒーや委託販売の骨董品、ビンテージの古着、手づくりの家具などを売るのです。レイチェルは、ドナルドにもこの夢の実現に参加してほしいと思っています。しかしドナルドからは、そんなことをするくらいなら眼球に針を突き刺した方がましだと仄《ほの》めかされています。

レイチェルは大都市が嫌いです。たとえドナルドが賛同してくれず1人きりになったとしても、お気に入りの花瓶やテーブルに囲まれ、4匹の猫と一緒に暮らせる田舎で暮らそうと決意しています。人間関係は、何人かの熱心な常連客がいれば十分です。これらの客は、店で珍しいバイオリンが売りに出されたり、コピルアクのコーヒーが入荷したり、猫が行方不明になったりすることには敏感ですが、ドナルドにとって刺激的な人たちには思えません。２人が合意するのは、かなり難しいことになるでしょう。

サイバースペースで人間関係が変化している

私たちがツイッターやユーチューブ、フェイスブックを使う頻度はますます高まっています。仕事や遊び、自己表現の場所としてのサイバースペースの存在感が増すにつれて、サイバースペースと私たちの幸福度との関係や、こうした体験が私たちのパーソナリティに及ぼす影響について考察することの意義も高まっています。

サイバースペースについては、対立する二つの見方があります。一つは、それを効率的かつ効果的に私たちをつなげ、無限の体験や情報を提供してくれるユートピアと考えており、もう一つは、過剰で、人工的で、真の人間的なつながりを奪うディストピアと考えています。つまりサイバースペースは、楽観的なユートピア的観点からすれば私たちをつなげてくれるアレグザンダー・ビレッジであり、悲観的な観点からは、大量の刺激や情報が溢れるストレスの多いミルグラム・ポリスだと言えます。最近の研究にも、この二つの観点について考察したものがあります。

トロント大学のバリー・ウェルマンは、インターネットとモバイル技術によって促された人間関係についての研究を実施し、技術の進歩によって「接続された個人主義」と呼ぶべき「新たな人間関係」が誕生していると提唱しています。これは、現実世界ではほとんど関わりのない人々が、仮想世界でつくりあげる人間関係です。この新たな関係は、従来の人間関係とどのように違うのでしょうか？

以前の研究結果では、サイバースペースは現実世界での人間関係を希薄にし、人々を孤立させ、ストレスを高め、幸福度を損なうというものがありました。しかしウェルマンらの研究は、「接続された個人主義」にはポジティブな側面があり、仮想世界でのつながりが私たちの生活の質を向上させるという証拠を力強く示しています。

たとえば、オンタリオ州北部の孤立したコミュニティでは、インターネットによって、現実に人々のボランティア活動が増加したという調査結果があります。

外向型はSNSでもつながりを楽しんでいる

ここで、もう一度アレグザンダー・ビレッジについて考えてみましょう。

仮想世界でのコミュニケーションは、アレグザンダーが提唱したような、親密かつ頻繁に交流するという人間の基本的欲求を満たすものなのでしょうか？

フェイスブックやツイッターなどのＳＮＳにどっぷりとはまっている人なら、この質問に「イエス」と答えるかもしれません。もちろん、仮想世界と現実世界の交流には質的な違いがあります。たとえば、フェイスブックでは匂いは伝わりません（少なくとも現時点では）。しかしサイバースペースは、大切な人との気楽なコミュニケーションを可能にしてくれるようにも思えます。

ウェルマンらの研究には社会学的なアプローチが採用されていたため、サイバースペースにおける個人差の考察については主眼が置かれていませんでした。しかし、私が指導するケンブリッジ大学社会生態学研究グループの学生はこの個人差に注目し、とくにパーソナリティ特性やパーソナル・プロジェクトとの関係を考察することによって、パーソナリティとSNSの細かな関連性を見出そうとしました。

学生たちはまず、フェイスブックの各種機能（ステータス更新やメッセージ、チャット、ウォール投稿など）を使うことと、幸福度の関係に注目しました。とくに、フェイスブックの機能によって、人々がパーソナル・プロジェクトを人に伝え、その実現のための支援を得られるようになるかどうかについて考察しました。

これらの研究の結果からは、フェイスブックでは誰もがある程度の満足感を得ているが、ステータス更新やウォール投稿など、発信した情報が大勢の目に触れる機能よりも、1人の相手との親密な交流ができる（基本的には電子メールと似た）機能を好むということがわかりました。

興味深い個人差も見出せました。たとえば、外向型の人はフェイスブックの使用頻度が高く、楽しんでいることがわかりました。これは、外向型はアレグザンダー・ビレッジのような環境を快適に感じるという、私たちの予測を裏付ける結果でした。

ツイッターとフェイスブックで、公開情報を変えて楽しむ人たち

フェイスブックで他者に開示するパーソナル・プロジェクトは、レクリエーション、人間関係、学術的なテーマのものが中心でした。逆に、フェイスブックユーザーがめったに他者に開示しないパーソナル・プロジェクトには二つのタイプがありました。

一つは、自分自身を変えようとするような個人的なプロジェクトです。これらのプロジェクトの投稿が少ない理由は、それが極めてプライベートなものだからということが考えられます。

また、車のタイヤを交換するなどといった日常のメンテナンスも、おそらくはたいして重要ではないという理由からめったに触れられていませんでした。

ただしツイッターでは、重要なものが変わります。私たちはツイッターでは、歯磨きに取り憑かれている人や、隣の家の犬の奇妙な習慣などを見て興奮する人など、一風変わった人たちの、どうでもいいような内容の投稿を楽しんでいます。

ジェンダーによる違いも見られました。女性はフェイスブックで自らの困難なプロジェクトを積極的に開示する傾向があったのに対し、男性は触れない傾向にありました。日常生活においても、他者に自分が取り組む困難なプロジェクトを可視化した場合の幸福度が、

男性では低くなり、女性では高くなるからです。これは、SNS以前の時代に実施された研究結果と一致するものでした。ストレスの多いプロジェクトを周りに示すことは、男性にとっては「弱さ」を見せることに、女性にとっては「支援を得る」ことにつながるというのがその理由です。

これらが、サイバースペースは「楽天的なユートピア」であるというイメージと一致したものであるとするならば、逆に「悲観的なディストピア」というイメージと一致する内容の研究もあります。

たとえば、サイバースペースがもたらす過剰な情報と幸福度の関係について調べた研究では、サイバースペースでの情報量が増加するにつれて、健康の悪化やストレスの増加がみられます。そして、ここでもパーソナリティが大きな役割を担っていることがわかりました。

サイバー情報の過負荷は、主要五因子の「外向性」や環境パーソナリティの「刺激の探究」のスコアが高かった被験者には、あまり影響を与えていなかったのです。

つまり研究結果は、サイバースペースの〝人々を有意義につなげる〟というポジティブな側面と、〝際限なく情報や刺激を生成する〟というネガティブな側面の両方を提示しています。この新たな技術が人間の幸福度に及ぼす影響について結論を導き出すには時期尚早ですが、少なくとも「環境と幸福度との関係には、個人のパーソナリティが大きく影響している」ということの章の主張は、裏付けられたと言ってよいでしょう。

サイバースペースが「回復のための場所」になることもある

人の好みは多種多様で、大都市の混沌さや意外性、賑やかさ、活気などを好む人がいる一方で、静けさや落ち着き、周囲からの隔絶を好む人もいます。このため、さまざまなパーソナリティを持つ人がそれぞれの望みを叶えられるような、多様な場所を構築することが理想的だと言えるかもしれません。

しかし、これは簡単なことではありません。多くの設計者は誰もが等しく気に入るような場所をつくろうとしますが、心理学者としてはそのような設計に懐疑的にならざるを得ません。絶え間ない興奮や混乱が大好きなニューヨーカーと、そうした場所に苦痛を感じ、静かで穏やかな場所へ逃げ込みたいと考える人が一緒に暮らすのは難しいでしょう。

しかし、ツイッターやフェイスブック、ユーチューブをはじめとするサイバースペースの台頭によって、パーソナリティや個人的な嗜好を反映する環境をつくることは可能になるかもしれません。サイバースペースは、ユーザーの好みに合わせていくらでも形を変えることができます。それによって私たちは、自らのパーソナリティや好みを満たしてくれる世界を、サイバースペースに見出せるようになるかもしれないのです。

私は、過剰な刺激や情報に耐えられなくなったとき、ウェブ上の「回復のための場所」に隠れるようにしています。京都の庭園の桜の木に止まったトンボの動画を探し、それをそっと観賞しながら、アレグザンダーのように新しい都市について熟考し、刺激に疲れた自分を癒すのです。

第9章
「パーソナル・プロジェクト」を追求する
——人生をかけて達成したいことを見直す

第9章 「パーソナル・プロジェクト」を追求する
——人生をかけて達成したいことを見直す

それは、娘の10歳の誕生日のことでした。

パーティが始まる30分前に娘が私のところにやってきて、突拍子もないリクエストをしました。パーティのゲストとしてやってくる友だちを催眠術にかけ、動物に変えてほしいというのです。もちろん、私は倫理的、法的、実用的なものも含む17もの理由でそのリクエストを断りました（たとえば、牛に変えた娘の友だちが、草食動物であるにもかかわらずチキンを食べ始めたら、どうすればいいのでしょう？）。

娘はとてもがっかりしましたが、すぐに別のリクエストをしてきました。心理学の知識を活かして、子どもたちに何か面白いものを披露してほしいというのです。10歳の女の子たちを相手にするのは、気難しい学者でいっぱいの会場で講演するより難しいことです。私は戸惑いながらも、手強いゲストたちを楽しませるようなことは何だろうと考え始めました。

どこからが「自分」で、どこからが「自分以外」？

いいアイデアを思いついた私は、ゲストの子どもたちを台所に集め、ボランティアを募りました。ジェニファーが手をあげて志願してくれました。私はジェニファーに「口の中に唾をためてごらん」と伝え、自分でもやや誇張しながら唾をためるように口を動かしました。

ジェニファーは私に言われた通りに口の中に唾をためました。「では、それを飲み込んでごらん」。ジェニファーは当惑しながらもその通りにしました。唾を飲み込むのは気持ち悪かったり嫌だったりしたかと尋ねると、そんなことはなかったと答えました。ここまでは、ひどく退屈な展開でした。

娘の方をちらっと見ると、つまらなそうな表情を浮かべています。私はピカピカの綺麗なグラスを取り出してジェニファーの前に置き、もう一度口の中に唾をためるようにと言いました。彼女が唾をためると、私は「グラスの中に唾を吐き出して」と言いました。彼女が唾をグラスに吐き出すと、私は「では、それを飲み込んでごらん」と言いました。

汚い！　そんなのできっこない！　子どもたちは、グラスに吐き出した自分の唾を飲み込むことを想像してたじろぎました。私は、なぜ口の中にためた唾を飲み込むのは平気なのに、グラスに吐き出した唾を飲み込むのは汚いと感じるのかと尋ねました。

別の子が、汚いと感じたのはグラスが冷たかったからではないかと答えました。しかし、私が「じゃあ、グラスを温めたら唾を飲める?」と尋ねると、子どもたちはみな黙りこくってしまいました。

この心理学のデモは、子どもたちに好評だったようです。こんな話をご紹介したのは、〝真にパーソナルなもの〟とは何かを考え、自我が持つ微妙な性質を直観的に理解するのに役立つからです。

唾は、どの時点で温かい〝私の一部〟から、冷たい〝私以外のもの〟に変わるのでしょうか?

人は平均して15のパーソナル・プロジェクトに取り組んでいる

パーソナル・プロジェクトについては本書の前半で紹介しましたが、ここではさらに詳しく見ていくことにします。

パーソナル・プロジェクトは、私たちが日々の暮らしの中で計画・実行するさまざまなものが対象になります。それは、日常的な活動(例:猫を家の外に出す)から、生涯をかけて取り組む目標(例:民衆を解放する)まで多岐にわたります。

単独で取り組むものもあり、共同で取り組むものもあり、自発的に始めるものも、人から言われて始めるものもあります。深い喜びを与えてくれるものもあれば、苦しみを伴うものもあります。本章のテーマは、このパーソナル・プロジェクトと幸福との深い関係についての考察です。

パーソナル・プロジェクトは「行動そのもの」をいいますが、基本的に一時的なものではなく継続的な行動を指します。また、その行動の背景となる文脈を考慮する必要があります。

たとえば、「猫を家の外に出す」というパーソナル・プロジェクトがあるとします。猫を家の外に出してやるのは、一見すると些細な行動のように思えます。実際、愛猫たちに囲まれて暮らしている人たちにとってはそうかもしれません。

しかし、飼い主が重度の関節炎を患っていて、歩行器を利用しているという文脈がある場合はどうでしょうか。猫を家の外に出してやるには、裏口の急な階段を手すりにつかまりながら降りなければなりません。これは些細な行動ではありません。その人にとって、技術や肉体的強さ、忍耐力が求められるパーソナル・プロジェクトになるのです。このように、パーソナル・プロジェクトでは「文脈」がとても重要です。

私たちの研究では、人は通常、約15個ものパーソナル・プロジェクトを抱えていることがわかっています。当然ながら、いくらかは並行して実行できるとしても、すべてを同時進行させることはできません。そのために、優先順位を決めたり、プロジェクト間の矛盾を解決したり、頑張りすぎて燃え尽きてしまわないようにしたりといった調整技術が必要になります。

自分のパーソナル・プロジェクトを書き出してみる

私は数十年にわたって、指導する学生たちと共に、パーソナル　プロジェクトと幸福度の関係を研究してきました。その過程において、この結びつきを調べるための手法「パーソナル・プロジェクト・アナリシス」（ＰＰＡ）を開発しました。これで調査すると、プロジェクトの追求が、いかに生活の質を左右しているかがよくわかります。

この調査は、パーソナル・プロジェクトの内容、評価、作用、人生への影響を調べることができるものですが、重要なのは「行動」に注目することです。従来のパーソナリティテストは、人に生得的に備わっているパーソナリティを調べることに主眼を置きますが、この手法では「行動を通じて表れるパーソナリティ」に注目します。

まず、対象者に現在のパーソナル・プロジェクトのリストを作成してもらうことから始めます。優先順位をつけたり、分析をしたりすることなく、現在自分が取り組んでいる行動を思いつくままに列挙していくのです。読者のみなさんも、ぜひ思いつくままあげてみてください。

私は、長年の調査を通じて、いくつかの人気の高いパーソナル・プロジェクトを明らかにしました。もっとも頻繁にあげられるプロジェクトは「ダイエット」です。なかには、「10ポンド痩せる」という具体的な目標を書く人もいます。

対照的に、極めてユニークで個人的なパーソナル・プロジェクトもあります。「よいドルイド教の僧になる」とか、「フレッドが家に戻ってくる前に、裏庭の陥没穴を埋めておく」といったものです。

こうした特殊なものも、文脈で見ると個人にとって大きな意味を持ったプロジェクトであることがわかります。たとえばフレッドは高齢の心臓病患者で、大きな手術を終えて、病院から家に戻ってくることになっていました。妻は、フレッドに庭にできていた陥没穴を見せたくありませんでした。ひょっとしたらフレッドがその穴を、亡くなった自分を埋葬するために掘られたものだと思うかもしれないからです。

そのほかにも、パーソナル・プロジェクトを列挙することで、生活が見えてくることもあります。ある30歳の男性は、次のプロジェクトをあげました。

パイロットの免許をとる。

ウォーターベッドを買う。

コロラドに行く。

バハマに行く。


その後で彼があげたパーソナル・プロジェクトは、それまでの、覧のオチのようになっていました。それは、「借金生活から抜け出す」でした。

その人のパーソナリティ特性が垣間見えるようなプロジェクトもあります。

たとえば、「妹にろくでもないボーイフレンドと別れるように言う」というプロジェクトに続けて「人に何か言う前に、よく考える」とあげる人もいます。

次のパーソナル・プロジェクトを列挙した若い女性は、イメージしやすいかもしれません。「友だちと一緒に歌う」「リラックスして音楽を楽しむ」「犬と遊ぶ」「友だちとハグをする」。この女性は最後に「もっとゆったりと生きる」と付け加えていましたが、その言葉に、まさに彼女らしさが表れています。

目標の書き方一つで成功率が変わる

私たちがパーソナル・プロジェクトを説明するときに用いる言葉は、プロジェクトが成功するかどうかにおいて、重要なポイントになります。

ニール・チェンバーズは、その言葉の特徴を分析し、パーソナル・プロジェクトがどのような言葉で表現されるかが、プロジェクトの成功だけではなく、幸福度にも大きく影響することを示しました。

たとえば、「10ポンド減量する」など直接的に表現されたパーソナル・プロジェクトは、「減量に挑戦する」といった漠然とした言葉で表現されたものより、成功する確率が高く、幸福度にもいい影響を及ぼすと考えられるのです。

チェンバースは、「挑戦する」といった漠然とした言葉ではなく、もっと具体的で直接的な言葉でプロジェクトを表現すべきだと奨励しています。

可能性を考えるのではダメなのです。そう、ヨーダが言うように、大切なのは「やってみる」ではなく「やるか、やらないか」なのです。

パーソナル・プロジェクトを評価する

プロジェクトの追求における〝パーソナル〟な特性が重要なのは、基本的に同じプロジェクトでも、人によってその解釈が異なる点にも表れています。

ダイエットという典型的なプロジェクトを例にとりましょう。たとえばある女性アスリートにとっては、それは競技で最高のパフォーマンスを発揮するための調整の一環として行うものです。追い求める価値があり、自己表現の一種となるものでもあります。彼女は目標達成に自信があり、仲間の選手からも力強いサポートを得ています。

しかし、同じジムにいる別の女性にとっては、ダイエットは絶え間ない欲求不満や不安、ストレスの源です。そもそもダイエットは彼女の自発的な意思で始まったプロジェクトではなく、周りの圧力に屈する形で始まったのです。彼女は、運動をしなければまた以前のように太ってしまうと不安に感じ、痩せなければ〝ボーイフレンドをつくる〟という真のプロジェクトを成功させられないと考えています。

このように、同じ「減量」というパーソナル・プロジェクトが、2人の女性の幸福度に大きく異なる影響を与えています。

こうした差に注目するため、私たちの研究でも、人々が自らのパーソナル・プロジェクトを評価する際に、どのような基準に基づいているかを分析しました。その結果、パーソナル・プロジェクトの評価では、次の五つの要因が重要な働きをしていることがわかりました。すなわち、「プロジェクトの意味」「コントロール度」「つながり」「否定的感情」「肯定的感情」です。

生活に意味をもたらすプロジェクト

パーソナル・プロジェクトの重要な役割は、生活に「意味」を与えてくれることです。たとえば、人々が自らのパーソナル・プロジェクトを0から10の尺度で評価した場合の平均値は、次のようになっています。

自分の価値観と一致している	7・7
重要なものである	7・5
自己表現ができる	6・8
夢中になれる	6・2
楽しい	6・1

プロジェクトを追求するあいだに経験する感情も、ポジティブなものがネガティブなものを大きく上回っています。たとえば、幸福感の平均値は「5・9」だったのに対して、悲しみは「2・1」でした。つまり、パーソナル・プロジェクトの追求は、基本的には私たちを幸せにしてくれるのです。

また、真に意義の感じられる、ポジティブなプロジェクトだと見なされやすいのは、人間関係や趣味がテーマのプロジェクトだということがわかっています。

人々は恋愛や友達付き合い、レジャーに大きな価値を見出しているのです。学生にとっての学業や社会人にとっての仕事にまつわるプロジェクトは、概してあまり楽しくなく、面倒なものと見なされています。

また、プロジェクトには自分の中から自然発生的に生まれたものもあれば、人から押しつけられたり、やらざるを得ない立場から生まれたものもあります。自分が日々行っているプロジェクトが義務感から生まれていて、自分の将来のためのものでない場合、幸福度はどのように変わるのでしょうか。

アイデンティティは他者と触れあいながら育むもの

その後、私は高校生を対象にしたセルフ・アイデンティティの研究をスタートしました。この研究では、大勢の高校生にパーソナル・プロジェクトを列挙させ、それを自分で評価してもらいます。高校生は、どのようなプロジェクトを自分にとって特別な意味があり、自らを定義するものだととらえているのでしょうか。あるいは、どれを自分自身のプロジェクトとしてとらえ、どれを他人に押しつけられたプロジェクトだととらえているのでしょうか。

平均スコア（評価ポイントは0～10）が高かったもの5点を、昇順で紹介します。

スポーツ　8・2
ボーイフレンド／ガールフレンド　8・5
セックス　8・6
スピリチュアル　8・9
コミュニティ　9・8

この結果については、注目すべき点がいくつかあります。

まず、セックスをテーマにしたプロジェクトがあげられた回数が多かったため、これをボーイフレンドやガールフレンドをテーマにしたプロジェクトと区別しました。これらの異性をテーマにしたプロジェクトは、高校生にとってもっとも楽しいものであり、しかも、もっとも自分らしくいられると感じるプロジェクトでもありました。この結果は興味深いものでした。

なぜなら私はそれまで何年にもわたって、人は他者と親密な関係を築く「前」に、個人のアイデンティティの感覚を得なければならないと話してきたからです。

しかし調査の結果から、高校生は異性と親密な関係を持ちながら、自分自身のアイデンティティを発達させていたのだということがわかります。

他にも、高校生が「スピリチュアルとコミュニティをテーマにしたプロジェクトにおいてもっとも自己を表現できる」と回答していることに驚きました。これらは、高校生から多くあげられるプロジェクトではないものの、あげた少数の高校生が、自己表現について高い点数をつけていたものです。

これらの高校生にとってのパーソナル・プロジェクトにおける共通点は、他者と与え合うことや、他者から必要とされること。また、他者との親密な結びつきを通して自分自身を見出していくことを学ぶプロジェクトだということです。スポーツは少し当てはまらないように見えるかもしれませんが、チームスポーツは他者との絆を深めるものだと言えるでしょう。

押しつけられたプロジェクトでは自分を表現できない

一方、誰かに押しつけられたと評価されたプロジェクトの内容は、以下のようなものでした。

読書　6・2

メンテナンス　６・０
勉強　５・７

読書に関しては、このデータはハリー・ポッター・ブーム以前のものであることを考慮しておかなければなりません。もし今日この調査を実施したとしたら、おそらく評価はもっと高くなっているはずです。メンテナンスとは、「部屋の掃除」や「庭の芝刈り」などのことで、評価が低い理由は、高校生たちがこれを自発的にではなく、親に指示されて行っているためだと考えられます。

この調査でもっともがっかりさせられたのは、勉強に関するプロジェクトの評価が低いことでした。高校生にとって、勉強に関するプロジェクトは、さまざまな分野のプロジェクトの中でも、もっとも自分を表現できないと答えたものでした。

たしかに、メンテナンスと勉強に関するプロジェクトの評価の低さは、子どもたちが親に言われてもっとも嫌だと感じる二つの言葉、「部屋を片付けなさい」と「宿題をしなさい」に呼応しています。高校生にとって、それは吐き出した唾を飲み込むのと同じくらい嫌なことなのです。

プロジェクトの動機、達成の困難さ、コントロール度

あなたが、自分にとって大きな意味のあるパーソナル・プロジェクトを追い求めているとしましょう。これらのプロジェクトは、あなたのアイデンティティや価値観と一致しているため、熱心にこれらを追求する動機もあり、追求そのものに喜びを感じます。

一方で、これらのプロジェクトを管理するのはどれくらい難しいでしょうか？　意味のあるプロジェクトを追求しているだけで、幸福になるのでしょうか？

さきほどご紹介した、高校生に実施したパーソナル・プロジェクトを分析するにあたって、私は次の三つの項目を用いて、高校生がどれくらい効果的にプロジェクトを計画・実行しているかを測定しました。

「イニシエーション」は、その人がプロジェクトを自発的にスタートしたのか、それとも他者のために始めたのかを評価するものです（自発的になるほど高得点）。

「有効性」は、プロジェクトが成功するかどうかの見込みです。ハイスコア（8〜10）は成功の見込みが高く、ロースコア（5未満）は低いことを意味します。

「コントロール」は、5章で見たようにプロジェクトを自分でコントロールできているかどうかを意味します。この三つの評価の結果は、プロジェクトの意味と同じく平均してポジティブな結果となりました。

プロジェクトを主体的に開始している　7・1
成功の見込みがある　7・2
コントロールしている　7・3

ちなみに、中国の大学生のパーソナル・プロジェクトに関する異文化研究では、文化的な違いから、北米の大学生と比べて全般的にプロジェクトのイニシエーションの評価がかなり低いことがわかりました。

これは中国では、所属する組織や集団が、個人のプロジェクトにも大きく関与しているためと推測できます。おそらく他の集団主義的な国家、とくに共産主義国家で一貫して見られる傾向でしょう。この考察から、パーソナル・プロジェクトの内容と評価には、基本的欲求やパーソナリティだけでなく、場所や政治的な文脈も反映されるということがわかります。

「有効性」では、パーソナル・プロジェクトの進捗度合いや成功の見込みを評価します。この要素は、もっとも幸福度を左右するもので、自分の行動の有効性を実感することがいかに人間にとって大切で、困難に前向きに対処するうえで効果的かということがわかります。この結果は、認知行動療法の研究結果と一致するものです。

先ほど、意味のあるパーソナル・プロジェクトを追求するだけで幸福度が高まると思うかと尋ねました。答えは「ノー」です。たしかに、意味のあるプロジェクトを持つことは幸福度に貢献しますが、それだけでは不十分です。

では、成功する見込みの高いプロジェクトを追求すれば、幸福度は高まるのでしょうか？　自分が列挙したパーソナル・プロジェクトを見て、それらに特別な意味があり、かつ成功の見込みが高いかどうかを考えてみてください。

研究結果は、幸福度を高めやすいのは、プロジェクトに特別な意味があることよりも、成功の見込みが高いことの方であることを示唆しています。ただし、そこには「意味」と「見込み」のトレードオフがあることを加味しなければならないかもしれません。

たとえば、もっとも有意義だと感じているプロジェクトほど、日常レベルで成功させることは難しいでしょう。かといって、いくら達成しやすいからといって「ゴミを出す」「郵便箱をチェックする」「歯磨き粉を買う」といったプロジェクトの方が、「人として成長する」や「西洋主義的な考え方を変える」といったプロジェクトよりも幸福度を上昇させるというのは、腑に落ちないものがあります。

この問題に対する最良の答えは、意味と有効性の両方が、同じプロジェクトで経験されたときに、幸福度が高まるというものです。

つまり、パーソナル・プロジェクトが幸福に貢献するには、意味だけでも、有効性だけでも十分ではないのです。

コントロール範囲は準備次第で広がる

「コントロール」は、〝私たちが影響を与えられる程度〟という意味で、「有効性」にとても似ています。

以前の章では、コントロールの感覚と幸福度には強い相関があると説明しましたが、そのときはこれを一般的なパーソナリティ特性のようなものとして扱いました(自己解決型と他者依存型)。

しかし、本章でのコントロールは、目の前のプロジェクトに応じて変わる点が異なります。パーソナル・プロジェクトによっては、ほぼ確実にコントロールできるものがあるからです。たとえば、「猫に餌をやる」といった類いのものがそうです。しかし、「父親が物事を理解するのを助ける」「抗議活動にたくさんの人を動員する」といったプロジェクトは、どのように大きな愛や決意があったとしても、すべてをコントロールするのは不可能です。

人生の浮き沈みは、ときとして私たちからコントロールを奪い、生活を揺るがします。幻想を打ち砕かれたとき、私たちは心身ともに大きなダメージを受けることがあります。

それはパーソナル・プロジェクトでも同じです。

しかし、コントロールの範囲は、状況を細かく把握することで変えることができます。以前の章で述べたように、難しいプロジェクトを追求するときには、必要なときに押せば自分を助けてくれる「ボタン」を用意しておくべきです。つまり、誰かに助けてもらえるようにしておくことが、とても重要なのです。

同じく、途中で出会うかもしれない障壁のことも、予め想定しておくべきです。もちろん、いつどのような状況で、こうした支援や障壁が目の前に現れるのかを知ることはできません。そこで役立つのが、経験者からの助言です。未体験の問題に直面したときに、どのような感情に襲われるかも予測できるこうしたフィードバックの価値は、非常に高いと言えます。

心理学者のダン・ギルバートも、人が未来の幸福を予測するのが難しいこと、同じ目標を追い求めたことのある人の体験談が、人生の分かれ道では素晴らしい道標になることを、説得力のある方法で論じています。

パーソナル・プロジェクトは、身近な人と共有するべきか

ここまで見てきたように、私たちの人生にとって、パーソナル・プロジェクトが有意義

かつコントロール可能であることは重要です。しかし、他の人があなたのプロジェクトを、役に立たない無意味なものだとネガティブにとらえていたらどうでしょう？　プロジェクトを追求するうえで、周りからの支援はどのくらい重要なのでしょうか？　さらに言えば、プロジェクトはどれくらい他の人々と結びついているのでしょうか？

身近な人にプロジェクトの価値を認めてもらうことは大切です。逆に、無関心や軽蔑といった態度をとられるのは、気落ちさせられるものです。

心理学者のアン・ファンはハーバード大学の論文の中で、若年成人の人間関係における満足度にもっとも影響しているのは、どれだけ他者とパーソナル・プロジェクトを共有しているかだと述べています。

周囲のサポートを得るためには、相手にプロジェクトが見えるようにしなければなりません。しかし、プロジェクトについて積極的に他人に話をする人がいる一方で、誰にも言わずに胸の内に隠しておく人もいます。

前述したように、プロジェクトを可視化する方法には男女の違いもあります。女性はストレスの多いプロジェクトを可視化することでメリットを得るのに対し、男性はそれを周りに口外しないことでメリットを得ます。これは、ストレスの多い状況に直面したときに、男性は「戦うか逃げるか」の反応をしようとし、女性は仲間と協力しようとするという、遺伝的な違いが関連していると思われます。

企業幹部の男女を対象にした研究でも、同じような結果が観察されています。女性の場合、幸福度を高めるためにもっとも重要な要因は、自分のプロジェクトをサポートしてくれるような企業文化でしたが、男性の場合は、自分のプロジェクトの追求を邪魔しないような企業文化でした。つまり男性にとって、最高のサポートを与えてくれるのは、「不用意な干渉をしない人」なのです。

「社会的なつながり」は、幸福度において繊細かつ特殊な役割を担っています。これを説明する二つの研究を紹介しましょう。

一つは私たちが実施した、妊娠初期の女性を対象にした研究です。妊婦に「出産」というパーソナル・プロジェクトをさまざまな項目で評価してもらった結果、出産の成功にもっとも強い関係があったのは「配偶者の温かい支え」であることがわかりました。

もう一つは、心理学者のクレイグ・ドウデンによる起業家を対象にした同様の研究です。起業家の主観的幸福度や経済的成功にもっとも寄与していたのも、「ビジネスパートナーの温かい支え」であることがわかったのです。起業家がプロジェクトのことを「自分たちの赤ちゃん」と呼ぶことがありますが、これはかなり的を射た喩《たと》えだと言えそうです。

介護はストレスの多いプロジェクト

ここまで見てきたように、パーソナル・プロジェクトが有意義で、有効で、コントロールでき、周りから支援がある場合に、幸福度は大きく高まります。

しかし、こうした好ましい特徴があるにもかかわらず、プロジェクトに楽しさが感じられず、ストレスが多い場合はどうなるのでしょうか？　このようなプロジェクトの典型として、「認知症の親の世話」があげられます。

有意義で、有効で、コントロールでき、周りからの支援がありつつ、ポジティブな感情が伴うプロジェクトの場合は、喜びや生き甲斐を感じるのに対し、「認知症の親の世話」では同じ条件でも大きな苦労を味わいます。つまり、幸福度にもっとも悪い影響を及ぼすのは、「ストレス」なのです。

幸福度を予測するにあたっては、その人の社会的地位や経済状態、人種、性別などを調べるよりも、その人が強いストレスを感じているかどうかの方が役立ちます。またこれは、逆の視点からも明らかになっています。心身の不調、とくに抑うつを感じている人の多くは、ストレスの多いプロジェクトに従事していることが多いのです。

この感情面については、文化的な違いがあるのでしょうか？

現状、まだこの分野の研究は進んでいません。それでも、私たちはカナダ人とポルトガル人がパーソナル・プロジェクトに取り組む際に体験している感情の違いを比較しました。

一般的なイメージからして、この二つの文化には感情表現に違いがあるように思われますが、個人的にとくに興味があったのは、ポルトガルの民謡「ファド」と、そこで表現される「サウダージ」と呼ばれる感情です。

「サウダージ」は、翻訳するのが極めて難しい言葉として知られています。私はサウダージが「ある種の懐かしさ」や「憧れ」といった感情を表すものだとは知っていましたが、その後ポルトガルを訪れる機会に恵まれたとき、書店で英語の本を販売している若い男性から「サウダージ」とはどんな感じの意味なのか、ニュアンスを教えてもらうことができました。大学院生らしきその若者は、流ちょうな英語でドラマチックにこう語りました。

「ものすごく長いあいだ、奥様と離ればなれになることを想像してみてください。どんな気持ちになりますか？」

「ほっとするだろうね」

ついいたずら心で彼の期待に背く回答をしてしまいましたが（幸い妻は私の冗談に笑ってくれました）、ニュアンスはわかりました。そして、

「大きな悲しみと不安に打ちひしがれ、〝サウダージに満ちた〟気持ちになるだろう」

と言い直しました。

幸福を感じるプロジェクトにチャレンジする

それからほどなくして、私はコインブラ大学の心理学者マルガリーダ・ペドロサ・デ・リマとイザベル・アルバカーキと共に、ポルトガル人とカナダ人がパーソナル・プロジェクトの追求において体験している、感情に関する調査を始めました。

データを比較した結果、ポルトガル人の方が多くポジティブな感情を経験していることがわかりました。彼らは日々のプロジェクトを通じて、大きな希望や幸福感、愛を感じているると答えたのです。しかし同時に、ポルトガル人は強い抑うつも感じていました。彼らは全般的に、ポジティブな感情だけではなく、ネガティブな感情をも強く体験していたのです。私にはそれが、「サウダージ」の本質を理解するためのカギだと思えました。これは、ポルトガル文化全般に特徴的な感情の傾向なのでしょう。

このように、研究結果は、有意義で、コントロールしやすく、有効で、周りからの理解や支援があり、ポジティブな感情を強く感じるパーソナル・プロジェクトを追求している場合、幸福感が増し、人生がよりよいものになることを示しています。

その反対の場合はどうなるでしょう？　意義が感じられず、混沌としていて、周りの人からの理解や支援もなく、ネガティブな感情を強く感じるプロジェクトばかりに取り組まなければならないとしたら、私たちの幸福感は下がり、人生の質も低下してしまうのです。

しかし、本書の前半で考察した「生まれ持ったパーソナリティ特性」とは異なり、パーソナル・プロジェクトは変化させることができます。

そう、私たちはパーソナル・プロジェクトを変えられるのです。特性は私たちが持っているものであるのに対して、プロジェクトは行うものです。

パーソナル・プロジェクトを変えることは、従来の慣れ親しんだ心地よい世界から、未知の世界へと一歩を踏み出すことになるでしょう。この一歩を踏み出すためには勇気がいりますが、結果には、それだけの価値が十分にあります。人生を変えていくチャレンジになるのです。

自分の心の奥底にある願望を客観的に見つめ、プロジェクトにできるかどうか、考えてみましょう。あなたはもう、どのような条件のプロジェクトなら幸福へと導いてくれるのか、知っているのですから。

最終章では、こうした幸せな人生を得るためには何をすればいいかについて考察します。プロジェクトの本質は何か、その持続的な追求がどのような形で幸福に貢献するのか見ていきましょう。

第10章 自分を変える挑戦
——幸福な人生を自分でつくる

私の大学教授としてのキャリアも、終盤に入りました。

人はこの年齢になると、やたらと話を脱線させて逸話を話したがるようになるものです。私の場合も、講義の内容を学生にわかりやすく説明するために、そして自分の集中力を保つために、さまざまなエピソードを話すことが多くなっています。そんなわけで、この章でも「逸話を語ることについての逸話」を話したいと思います。しかし、ご安心を。このメタレベルの逸話は、単なる脱線ではなく、この章の内容と深い関係にあります。

私はカールトン大学の教育開発センターが主催した、ある公開討論会にパネリストとして参加したことがあります。討論会のテーマは、大学教授であることの喜びや危険性を語り合うというものでした。質疑応答のセッションで、化学を研究する若手の教授が質問をしました。「最後の講義についてのお考えを聞かせてください」

ああ、最後の講義！　私は矢も楯もたまらずに答え始めました。私は、ミシガン大学が実践しているという試みについて話しました。同大学が主催する、優れた講義をしている教授を表彰するゴールデンアップル賞では、受賞者に「理想的な最後の講義」をシミュレーションするように求めているというのです。これは、2世紀のユダヤの聖者エリエゼル・ベン・フーカノスによる「毎日を人生最後の日のように生きなさい」という言葉に触発されて始まったものだということでした。

ゴールデンアップル賞はこの考えに共鳴し、毎回の講義を人生最後のもののように熱心に取り組み、学生に知識を授けるだけではなく、自分と同じように熱心に物事に取り組むことを教えている教授に賞を与えているのです。

話をしながら、私は件の化学教授が困ったような顔を浮かべているのに気づきました。そして、自分が質問の意図を読み違えていたことに気づきました。「リトル教授、私が尋ねたのは、人生最後の講義のことではなく、学期の最終講義のことです。内容のまとめをすべきかどうかとか、試験に出そうなところを教えるかどうかといったことを伺いたかったのです」

私は、大学教授という仕事の詩のように理想的な側面についてしゃべっていたのですが、彼が求めていたのは配管工事のように現実的な側面だったというわけです。

とはいえ、私は最終講義、あるいは本書で言えば最終章には、詩と配管工事の両方の側面があると考えています。故にこの章では、これまでの章で見てきた主要な概念をあらためて見直し、これらを一つに結びつける新たなテーマを紹介します。

とくに注目するテーマは、「コア・プロジェクトの持続的な追求が、幸福度を高める」というものです。持続的に取り組んできたプロジェクトを理解することは、これまでの人生の歩みを振り返り、自分自身を理解することと、将来の新たな可能性についての視座を得ることの両方に役立ちます。

「自分のコア」を見つける

パーソナル・プロジェクトの中には、「人生そのもの」と言ってよいほど、大きな意味を持つものがあります。私は、これを「コア・プロジェクト」と呼んでいます。

あなたは自分のパーソナル・プロジェクトのうち、どれがコア・プロジェクトなのかわかりますか?

見分けるにはいくつかの方法があります。まず、「重要性」「自分の価値観との一致」「自己表現できる」などが感じられるものは、コア・プロジェクトとみなせます。

また、進行中のプロジェクト全体を一つのシステムとしてとらえ、その関係を見るという方法もあります。あるプロジェクトは、システム内の他のプロジェクトと密接に結びついており、それが順調なときには他のプロジェクトもうまくいきますが、不調だと他のプロジェクト全体にも支障が出ます。このように他のパーソナル・プロジェクトに大きな影響を与えているのが、コア・プロジェクトなのです。

「本を書く」というプロジェクトに取り組んでいる女性が2人いるとします。片方の女性にとって、本を書くことはどちらかというと些末なプロジェクトです。彼女は本を書くことが、いい意味でも悪い意味でも自分の他のプロジェクトに大きな影響は与えないと感じています。

ただ自分にとって相応しく、意義のあることかもしれないと思ったから始めてみただけです。実際に本を書き上げられたら素晴らしいことですが、それは自分を変革するような冒険ではありません。それは、自分にとって一番大切な価値を体現するものではありません。彼女にとって大切なのは、自分の健康と、子どもたちの幸福です。

しかし、もう一方の女性にとっては、本を書くことは他のすべてのプロジェクトと深く結びついています。彼女にとって、それは富と名声を同時にもたらし、大切な人と出会えるチャンスを広げてくれるものです。

何より、本の執筆をすることは、究極の集中を味わえて、満たされた気分になります。それは彼女の人生にとってのトレードマークのようなものです。表面的なレベルでは、この2人の女性は、「本を書く」という同じプロジェクトを追求していますしかし、その実態は大きく異なります。一方にとっては優先度の低いものですが、もう一方にとってはそれがなくては生きていけないほど大切なコア・プロジェクトになっています。

コア・プロジェクトの重要な特徴は、途中で放棄される可能性が低いことです（たとえ、放棄すべき理由がある場合でも）。途中で放棄してしまえば、他のさまざまなプロジェクトにも影響が生じるからです。このため、誘惑にも打ち勝ちやすくなります。

とはいえ、それゆえにやめられなくなるパターンも存在します。とくに、コア・プロジェクトへの意欲が低下したり、成功の見込みが薄くなったりしているにもかかわらず、固い決意をしたために取り組みをやめられない場合などはそうです。このような状態が続くと、プロジェクトの維持には困難を伴うため、生活の質も損なわれてしまいます。

ではこれから、コア・プロジェクトに持続的に取り組めるようになるための方法を掘り下げていくことにします。

プロジェクトのスランプは、日々の満足度を下げる

第1章と第2章では、柔軟な方法で世界を解釈することの利点について説明しました。この方法を用いることで、たとえば人と知り合ったときに、第一印象に囚われることなく相手の行動を細かく観察できるようになります。

第一印象を信じることとは、重要度の低い、その場限りのコミュニケーションにおいては

問題がないかもしれませんが、恋愛相手を選んだり、ビジネスパートナーを評価したりする際には誤解につながりかねません。

また本書ではさらに、クリエイティブな人は経験に対してオープンであるため、対立する考えを同時に持つことができるなど、複雑な思考ができることも見てきました。この章では、複雑、適応的、柔軟な解釈という類似した能力によって、コア・プロジェクトが維持しやすくなることについて考察していくことにします。

新たに始めたプロジェクトは、新鮮で有意義なものに感じられますし、私たちはたいてい、そのプロジェクトを成功させられるだろうと楽観的に考えています。しかし、時間の経過とともにプロジェクトは輝きを失っていきます。コア・プロジェクトの場合でも、例外ではありません。変わりゆく人生のさまざまな様相に対して、プロジェクトが一貫性を失い、つながりが切れてしまうように見えてくるからです。

プロジェクトがこのように不活性になってしまったとき、続けることが難しくなって、生活の質も低下してしまいます。この問題を避けるために、プロジェクトの解釈や枠組みを刷新することはできるのでしょうか？

答えは、イエスです。ここでは、二つの成功例を紹介します。

プロジェクトの価値と意味を見直す

最初の例は、ミシガン大学ロスビジネススクールの2人の組織心理学者、カール・ワイクとジェーン・ダットンの個人的な考察の中に見られるものです。

2人は「仕事への取り組みを見直す」テーマの本に、対照的な内容の文章を寄稿しています。ジェーンは趣味のガーデニングが、研究者としてプロジェクトへの取り組みを表すよいメタファーになると語っています。カールはジェーン宛ての電子メールで、ジェーンがコア・プロジェクトという花を咲かせるために、〝庭の雑草〟であるところの不要なプロジェクトをむしっていることに興味を示しつつ、自らの視点は異なると語っています。

「君は私よりも長期的なプロジェクト（たとえば6年）に取り組んでいて、人生そのものを新しくしようとしている。だが私のプロジェクトは小規模なので、もっとこまめな見直しを求めている。また君は、大きなプロジェクトを維持するために雑草をむしっているが、私はさらに多くの木（プロジェクト）を植えるために、今育てているものを小さくしようとしている。それに、君の庭は人でいっぱいだが、私の庭には本がいっぱいだ。君は人と直接会い、私は本を通じて人に会っている」

カールは、ある会議で2人が論文を発表したときに、この違いが象徴的に見られたと言います。カールは銀色の老眼鏡をかけていたのに対し、ジェーンはかすかに赤味がかった新しい眼鏡をかけていました。ジェーンはバラ色の眼鏡で、カールは鋭くクールな眼鏡で世界を見ています。そしてカールは、どちらの視点にも価値があるとまとめています。

二番目の例は、ハーバード大学のアリア・クラムとエレン・ランガーによるボストンのホテルの清掃係を対象にした研究です。

清掃係は通常、毎日15部屋を清掃していました。これは労力を要する仕事です。にもかかわらず、清掃係の多くは運動不足だと感じていました。

クラムとランガーは、清掃係が日々の仕事のエクササイズ効果を認識したら、プラセボ効果が生じて、実際に生理学的な指標値に差が生じるのではないかという実験をしました。

2人は清掃係を無作為に二群に分け、一つのグループには「部屋を掃除することは健康的な運動であり、政府が推奨する活動的なライフスタイルの基準を満たす」と告げ、もう一つのグループには何も情報を与えませんでした。

この介入から4週間後、自分たちの仕事がよい運動になると知らされたグループの体重、血圧、体脂肪、ウエストヒップ比、肥満度指数は、実際に減少していました。つまり、プロジェクトをリフレーミングする（自分が取り組んでいることを新しい視点で解釈すること）だけで、健康的な結果が得られることがあるのです。

アイスホッケーでプロジェクトを再定義する？

さきほど見たガーデニングのメタファーのように、プロジェクトは、比喩を戦略的に活用することでリフレーミングできます。

私は経営者や専門職の人々を対象に、メタファーを用いたアプローチによって、停滞したパーソナル・プロジェクトのリフレーミングを支援しています。これは、その人が慣れ親しんだ領域をアイデアの源にして、輝きを失ったプロジェクトに新たな光を当てるというものです。

対象者には二つのリストを作成してもらいます。一つ目のリストには、行き詰まっているプロジェクト内容を、もう一つのリストにはメタファーとして用いる用語を書き込みます。この二つのリストを突き合わせて、問題となっているプロジェクトを改善するアイデアが、メタファーから得られるかどうかを考えるのです。

私はこれを軍の関係者に実施したことがあります。そのときの1人を、カナダ料理の名前をとって「プーティン大佐」と呼ぶことにしましょう。

大佐は、問題となっているプロジェクトとして「部下の士気の低下を改善すること」をあげ、その具体的な項目として、「怠惰」「最後まで物事をやり遂げようとしない」「仲間の将校との摩擦」などをリストアップしました。

そして自らの親しんだ分野として、アイスホッケーを選び、リストには「ゴール」「オフサイド」「アシスト」「ペナルティショット」などと書き込みました。

次に、この二つのリストを見比べて、何らかのつながりを見出そうとします。もちろん、これは簡単ではありません。すべての比喩がうまく当てはまるとも限りません。

しかしプーティンはすぐに、いくつかの価値ある連想に気づきました。まず、部下のモチベーションが不足しているのは、成果をあげたときにポジティブなフィードバックが与えられていないことが原因ではないかと考えました。

フィードバックは毎年末に催される表彰式で与えられてはいましたが、これはホッケーチームに喩えるなら、試合中は会場内の電光掲示板に得点が表示されず、シーズンの最後になって、初めて年間の総得点が表示されるようなものです。これでは、選手のやる気は高まりません。

プーティンはまた、優秀な部下たちが、うまくチームとして機能していないことが、組織全体として士気の低下につながっているのではないかと考えました。そして、これをホッケーのアシストの概念と関連づけました。ホッケーでは、アシストはプレイヤーにポイントとして加えられる重要なプレーとして認められています。味方の協力なしには、誰もゴールを決めることなどできないからです。

プーティンは、こうしたアイデアを問題のプロジェクトのリフレーミングに用いました。

そして、部下が成果（ゴール）をあげればすぐに評価し、毎年の表彰式では、表彰者が自分を支援（アシスト）してくれた他の将校の名をあげるような仕組みにしました。

さらにプーティンは、同じメタファーが、彼の別のコア・プロジェクトである、大学入学を控えて難しい時期を過ごしていた息子との関係にも当てはまることに気づきました。そして、息子が何かを成し遂げたら頻繁に褒めるように努力し、機会があるごとに家族がいかに彼を大切に思っているかを伝えるようにしました。

私にとっても、仕事関連のパーソナル・プロジェクトに対するシンプルな演習が、父と息子の関係改善にも役立つかもしれないと知ったのは大きな喜びでした。

まったくの別人になりきる「演技エクササイズ」

私たちが世の中を見るために用いている評価基準を変えることでも、コア・プロジェクトの持続性を高めやすくなります。1章で見たように、この評価基準は、物事を予測する枠組みにもなれば、私たちを閉じ込める檻にもなります。この理論から生まれた独創的な治療アプローチに、「役割固定法」があります。

この療法がどんなものかをイメージするために、こんな状況を思い浮かべてみてください。あなたは妻に誘われ、地元の劇団の舞台に役者として参加することになります。

演目は人気テレビドラマの『ダウントン・アビー』で、あなたは執事を演じます。演出家は、役柄に徹底的になりきることが求められる演劇手法、「メソッド演技法」の信奉者です。あなたは、執事に相応しい柔らかな話し方や細かな気配り、礼儀正しさ、謙虚さ、すべての物事を優雅かつ完璧に進めるための慎重さなどを学びます。

しばらくすると、あなたはこの新しい役割が、舞台以外の人生にも影響を及ぼし始めるのを感じます。新しい執事風のあなたは、普段のがさつなあなたと対照的です。以前には気づいていなかったことが見えてくるようになります。人の反応が変わってくるのにも気づきます。周りの人が、以前よりもあなたの話に熱心に耳を傾け、心を開き、バスケットボールやビール以外についても、意見を求めるようになってきたのです。その結果、舞台の公演が終わってからも、少なくともしばらくのあいだは、あなたは以前と同じような人間に戻りたいかどうかについて、はっきりと確信が持てなくなります。

同じことが役割固定法でも起こります。

役割固定法ではまず、クライアントが「自分のことをどんな人間だと思うか」というテーマで、自分の特徴を1、2ページ程度書き出すことから始めます。セラピストはこの評価の結果から浮かび上がるテーマに基づいて、クライアントがこれから2週間にわたってロールプレイをする架空の人物像を描きます。それは、「未知なる自分」の提案だとも言えます。

狙いは、普段とは「正反対」な人物を演じさせることです。それによって、クライアントの新しい可能性を引っ張り出そうとするのです。クライアントとセラピストは、ロールプレイの期間中に遭遇するであろうさまざまな状況や日常行為を想定し、新たな役割でこうした状況に対応できるようリハーサルをします。

これは、クライアントが1人でできるようになるまで続きます。普段の自分とは違う人物になりきることにより、クライアントは新たな視点で世界を見ることを学びます。しかし、役割固定法の目的は、クライアントのパーソナリティを恒久的に変えることではありません。その目的は、「新たな自分の可能性」を感じさせることなのです。

「人は変わることができる」という視点を得る

たとえば、「バカか天才か」という視点（評価基準）にとらわれている人がいるとしましょう。彼はこの視点を自分にも他人にも当てはめていて、「バカ」か「天才」のどちらかに人を完全に色分けしています。

自分のことはバカであり、決して天才にはなれないと考えています。彼にとって天才とは、企業弁護士を務めている母親や、スティーヴン・ホーキングなど、ごく限られた人だけです。その結果、ほとんどすべての人はバカに思え、コミュニケーションの場でもそうした態度が見え隠れしてしまいます。

このような視点は、彼の可能性を狭めることになってしまいます。何に取り組むにしても、どうせ自分はバカなのだからと考えていたら、達成するのは難しいでしょう。この場合に求められるのは、「バカか天才か」ではなく、たとえば「技能を身につけているか、いないか」という視点を持つことです。それによって、視野は広がり、同時に人生の可能性も広がります。

それまでのように、〝何においても優れている天才と、何をやってもダメなバカ〟という視点ではなく、〝誰でも、ある分野では技能があり、別の分野では技能がない〟と考えられれば、「技能は努力によって身につけられるものだ」ということも理解できます。視点を現実的なものに変えることで、彼は自分を含めて「人間は変わり、成長できる」ということに気づけるようになるのです。

自分の不得意分野に挑戦するメリット

人はパーソナリティ特性とパーソナル・プロジェクトが〝フィット〟しているときに、そのプロジェクトを追求しやすくなります。たとえば誠実性が高い人は、学術、健康、社交などの分野で、有意義かつ効果的にパーソナル・プロジェクトに取り組める傾向がありますが、情緒安定性が低い人は、同じ分野のプロジェクトで問題を抱えやすくなります。外向型の人は、友人と一緒に行動したり娯楽的なイベントに出かけたりといった対人関係に関わるプロジェクトには楽しく効果的に取り組めますが、学術的なプロジェクトには簡単には従事しようとしません。

社交的な人は、対人関係に関わるプロジェクトに従事していて、かつ「自分は社交が得意だ」と自覚しているときに、もっとも幸福感が高まることがわかっています。すなわち、自らの固定的な特性を理解し、それに合わせたプロジェクトを遂行することが、持続的な行動を促し、やがては成功するための大きなカギとなるのです。

しかし、この本では、人生を理解するには固定的な特性を超えなければならない場合もあると説明してきました。すなわち、私たちはパーソナリティ特性の〝変えることができる性格的側面〟である「自由特性」を理解する必要があるというものです。

情緒安定性の低い人が、仕事のときにはそのような素振りを見せないこともあります。内向型の教師が、授業では外向的に振る舞うことがあります。普段は協調性の高い人が、社会的不公正をただすために猛烈に厳しい態度をとることがあります。このように、自由特性を通じてキャラクターの外に出ることは、コア・プロジェクトの成功や持続性にも、メリットをもたらし得るのです。

私たちは自由特性によって、可能性を広げ、成長することができます。たとえば最近の研究は、内向型の人が外向型を装うことで、ポジティブな気分や幸福感が増すことを示唆しています。これは「キャラクターの外に出る」行動の興味深いメリットです。

一方で、私はこの種の行動が必要以上に長引く場合は、心身にダメージが生じると考えています。では、コア・プロジェクトのために、長いあいだ自分のキャラクター外の振舞いをする必要があるとしたら、どうしたらいいのでしょうか？

本書の前半で説明した通り、本来の自分を取り戻し、自分自身であることを満喫できる「回復のための場所」を見つけることも一つの有効な手段です。

また、もっと根本的な変革を起こすこともできます。つまり、自分の特性そのものを変えようとすることです。それは、自己変革への挑戦になります。

クリエイティブな人は「自分を変えるチャレンジ」を楽しむ

こうした、自分を変えようとする「セルフ・プロジェクト」は、私たちの生活の質に大きく影響すると同時に、一見すると逆説的な効果もおよぼします。

研究では、他の種類のプロジェクトに比べ、セルフ・プロジェクトに従事する人は、抑うつを感じやすいことを示しています。

自らを改善しようとすることが、なぜ抑うつにつながるのでしょうか？　一つには、このようなプロジェクトに取り組むと、過度に考え込みやすくなってしまうということがあげられます。

しかし、もっとも大きいのは、プロジェクトの有効性を低く評価しているからです。つまり、「自分を変えようとするプロジェクト」は、他のプロジェクトに比べてうまくいかないだろうと考えてしまっているのです。

〝プロジェクトが成功する〟という観点は幸福度を大きく左右するため、私たちは「成功の見込みの薄い自己変革のプロジェクト」は脇に置いて、もっと簡単で達成しやすいプロジェクトに目を向けて、有能感を味わいたいという誘惑にかられます。

しかし、ここで注意が必要です。クリエイティブな人は、セルフ・プロジェクトのことを、「気分を落ち込ませる重労働」ではなく、「発見に満ちた冒険」とみなしているのです。

セルフ・プロジェクトは、自分で決断しないと続かない

セルフ・プロジェクトを「苦しい」と感じる人と、「わくわくするような冒険だ」と感じる人がいるのはなぜなのでしょうか。

考えられる一つの答えは、セルフ・プロジェクトがどこから生じたかです。「もっと社

交的になる」というセルフ・プロジェクトに取り組もうとする2人の女性の例を考えてみましょう。

一方の女性にとっては、このプロジェクトは外部から生じたものでした。売上低迷に悩む営業部門の上司が、顧客に対する彼女の消極性に不満を覚え、もっと明るく積極的にコミュニケーションしてほしいと厳しく注意したのです。彼女は上司の要求通りに自分を変えるか、もともとの引っ込み思案なパーソナリティに合った仕事を探すかの選択を迫られ、自分を変えることを選んだのでした。

では、同じく「もっと社交的になる」というセルフ・プロジェクトに取り組むもう一方の女性について考えてみましょう。彼女は、積極的に人と関わることのメリットを自分自身で熟考し、行動に移そうとしています。そしてこれを実験的に少しずつ試しています。このチャレンジを、自らの可能性を広げる興味深いプロセスだととらえていて、心地よさを感じています。彼女はこれを、自ら選択したコア・プロジェクトだと見なしています。

前者のケースでは選択は外部から課されたものであり、「さもないと転職」という暗黙の圧力もかかっていました。しかし、後者のケースでは自発的に選択したものであり、内側から生じた自己表現でした。

内発的なプロジェクトが外発的なものよりもうまくいきやすいことは、多くの研究によって支持されています。内発的なプロジェクトは持続しやすく、心身の幸福度を高めるのです。

セルフ・プロジェクトがクリエイティビティと抑うつの両方と結びついているという、一見すると矛盾しているように思える現象は、そのプロジェクトがどのように生まれたのかを知ることで理解しやすくなります。

自分を変える、自分に挑戦する、といったプロジェクトは、周りから強制されたものではなく、自発的に行っているときに、有意義で、コントロールできるものとなり、続けやすくなるのです。

「社会」と「プロジェクト」のズレを調整する

ここまで、コア・プロジェクトを持続させるための方法として、リフレーミングやセルフ・プロジェクトなどを紹介してきました。これらは本質的に個人、すなわち〝あなた自身〟に注目するものです。しかし、自分のみに目を向け、人生の舞台となっている「状況」を無視してしまえば、全体図を正しくとらえることはできません。

前述したように、一般的にコントロール感覚はポジティブな作用をもたらします。ただし、それは私たちが人生の舞台である現実世界の出来事を正確に読み取り、それに基づいて調整をした場合のみの話です。いざというときに押す〝ボタン〟が本当に作動するか、適切な度合いの幻想を抱けているか――。つまり私たちは、常に自分の置かれている状況を適切に把握しなければならないのです。

たとえば、家を離れて大学に通う息子を持つ親にとって、息子の成功を願って、さまざまなアドバイスを送り、愛情や支援、そして当然ながらお金を与えることがコア・プロジェクトになるケースも多いでしょう。

しかし、そのコア・プロジェクトを維持するためには、状況を慎重に観察しなければなりません。息子は9月に家を出て大学生活を始めましたが、すでに12月も後半になっています。何か変化はないでしょうか？　新しい友人はできたでしょうか？　友人たちは息子にどのような影響を与えているのでしょうか？

息子には相変わらず将来の就職に役立つような学科を専攻してほしいと思っているかもしれませんが、息子は中世史に夢中になっているかもしれませんし、景気も改善し始めて、就職に役立つ学科が変化しているかもしれません。絶えず最新の状況を読み取ろうとしなければ、いずれ変化についていけなくなってしまいます。状況を正確に把握して初めて、プロジェクトを実現できるのです。

文脈は制約になるだけはなく、プロジェクトの追求を促進するものにもなります。本書でも見てきたように、「状況」を理解することは、目標を実現しやすくします。とくに、セルフモニタリングが高い人は、このような「状況」に敏感です。

同じ家庭の兄弟間で性格が違う理由

「ニッチ」の概念も、人、プロジェクト、場所の関係を理解するのに役立ちます。

前述したように、普段とは違うキャラクターを演じることには労力を伴うため、本来の自分を取り戻せる「回復のための場所」が大切になります。ニッチとは、このように私たちを癒してくれるスペースです。しかし「回復のための場所」は、ニッチの一形態に過ぎません。

ニッチは、もっと広い意味で、自分の興味や特性、願望を最大に表現できる場所であり、〝アイデンティティ・ニッチ〟とでも呼ぶべきものです。うるさい都会において、安全で静かな図書館の一角に特別な場所を見つけた内向的な人などは、まさにアイデンティティ・ニッチを求めて行動しているといえます。

さらに、生態学用語の「ニッチ」には他の特徴もあります。

すなわち、ニッチは競争の場でもあるのです。ニッチはたいてい複数の生物種による争いの結果、一種類に占有されていますが、その一種の生物内で縄張り争いが行われています。この状態は、人間の家族にも当てはまります。

「同じきょうだいなのに、どうして自分と妹の性格はこうも違うのだろう」というような疑問を持ったことのある人は少なくないと思います。幼い頃の自分と妹を抱っこする母親の写真を見てもまだ信じられず、父親が違っていたのではないかなどと訝《いぶか》った経験もあるかもしれません。

フランク・サロウェイはその著書『Born to Rebel』の中で、家族の力学は、親というニッチを占有したいと願う子どもたちによる競争だと主張しています。

この理論によれば、第一子は、独占したニッチを守ろうとするために保守的な特性が見られるようになります。誠実性や情緒安定性などが高く、ルールを尊重し、親の価値観に従おうとするのです。

これに対し、その後で生まれてきた第二子以降はジレンマに直面します。自分よりも身体が大きくて強く、ときには親代わりのように振る舞う兄や姉と、親の注目や愛情をめぐって争わなければならないからです。その結果、第二子以降の子どもたちは、第一子とは違った戦略をとります。すなわち、自らのニッチをつくろうとするのです。

このため、第一子に見られる誠実性、慎重、伝統的といった特性とは対称的に、第二子以降は探索的で、反規範的な特性があり、反抗的になりやすいのです。

しかし、もしこの家族のニッチ・ダイナミクス理論が正しいのなら、「第二子以降の子どもに生まれつき慎重、用心深い、従順といった特性があったらどうなるのか?」という疑問が生じます。

第二子以降の子どもは、年上の兄弟に占拠されてしまったニッチを奪おうとするために、生まれ持ったキャラクターの外に出なければならないことが多くなります。しかもそれは、一時的なものではなく、長期的にしつづけなければなりません。その分、自分を取り戻すための「回復のための場所」へのニーズも高まるのです。

第二子以降の子が、秘密の隠れ家を奪われようとしたときに激しく抵抗したり、家族の反逆者のように叱られ、強い苛立ちを見せたりするのもこのためだと言えます。

自分を理解して、幸福を築く

では、いよいよ本書のまとめに入りましょう。個人的な評価基準は、私たちが物事を見るための枠組みにもなれば、閉じこめる檻にもなります。

生まれ持った固定的なパーソナリティ特性は人生に大きな影響をもたらしますが、私たちは自分の大切なもののためには、別のキャラクターになることもできます。

人生を自分でコントロールしようという主体性は、人生にポジティブな影響をもたらしますが、そのためにはコントロールできない側面に注意を払うことが不可欠です。

猛烈に忙しいライフスタイルは、遊びの感覚によって緩和されないかぎり、健康を損なう可能性があります。

状況に応じて自分を変える人と、どんな状況でも変わらない人がいます。クリエイティビティには大胆な想像力やコミットメントが求められますが、それを実現するためには周りの地道なサポートが必要です。

場所とパーソナリティは密接に結びついていて、パーソナリティによってどのような都市や地域に惹かれるかに違いが生じます。

パーソナル・プロジェクト、とくにコア・プロジェクトは、私たちの人生にとって極めて重要で、永続的に人生に意義をもたらし、豊かな彩りを与えてくれます。

プロジェクトは時間の経過と共に色褪せてしまうこともありますが、状況を正しく認識し直すことで再活性化することができます。

では最後に、自分自身のことについて考えてみましょう。

あなたはこの本を読みながら、自分の人生のことを振り返ってはみませんでしたか？ おそらく、そうした人は多いはずです。

そして今後も、折に触れて自分のパーソナリティや、これまでの人生について考える機会があるはずです。人生の転機や節目には、静かに自分を顧みようとしたくなる瞬間が訪れるものです。卒業、結婚、離婚、昇進、失業、引退――。自分はどんなふうに人生を生きてきて、これからどんなふうに生きていくのか。こうした転機や節目の中には望ましくないものもありますが、それは誰にでも起こり得るものです。

こうした内省の瞬間は、気まぐれに訪れることもあります。友人から最近調子はどうかと尋ねられ、答えがなかなか口から出てこずに面食らう。知人の葬式で弔辞を読むことを頼まれ、それを読む自分を想像するだけで涙が溢れてくる。激昂《げきこう》して今朝の会議を台無しにした自分自身のことが腹立たしくて、夜も眠れない。

このようなとき、さまざまな「自分」がいることに気づくことがあります。

いつもの自分のスタイルを守ろうとして冒険を恐れていることもあれば、そこから飛び出そうとしていることもあります。本来の自分ではいられないような、強力な影響力のもとに身を置いていると自覚することもあります。コア・プロジェクトを通じて、自分自身が変わっていくような体験をすることもあります。

このような自分の中での対話は、新たな発見をもたらしてもくれますが、同時に受け入れることが困難なものにもなり得ます。なぜなら、あなたはなによりもまず、多面的な自分自身を受け入れなければならないからです。

多面的な自分を受け入れる

パーソナリティと幸福度に関する深い考察で知られる著名な哲学者オーウェン・フラナガンも、その著書『Self Expressions: Mind, Morals, and the Meaning of Life』の短いエピローグの中で、この多面的な自分を受け入れる瞬間を描写しています。

そこでは、私と私自身、あなたとあなた自身による、〝最後のダンス〟という比喩が用いられ、自己への呼びかけで締めくくられています。ゆっくりと朗読すれば、詩と間違えてしまうような文章です。


親愛なる私へ。最後のダンスは君と踊りたい。うまく踊れなくても気にしなくていいよ。私たちは、今ではお互いのことをとてもよく知っているから。

君と最後に抱き合って踊るときには、人生が有意義だったと感じられるといいな。

ただし、それは単なる陶酔ではなく、本当のダンスだ。人生には必ず意味があるから、一つの人生を2人で分かち合ってダンスがしたいんだ。

そのときには、安らぎ、心地よさ、誠実さ、奮闘の結果を一緒に喜び、分かち合いたい。

一つ覚えておいてほしい。君のことを真に理解し、いつまでも忘れない誰かがいるとすれば、それは私だ。それは私自身のことなんだよ。チャ、チャ、チャ。


これはもちろん、この章のテーマである〝自らの人生を顧みること〟に他なりません。ダンスの相手が自分だからといって、寂しいもののように見なす必要もありません。私たちは、いつでも自分自身を理解し、受け入れることができます。自分を受け入れるのに、死ぬ間際になるまで待つ必要はありません。それに、自分を顧みて理解しようと努めることは、未来への活力も与えてくれます。

すでに本書を読みながら、新しい視点で自分をとらえなおしたり、自己理解を深めることで、「これが私自身なのだ」というふうに、〝自分自身とのダンス〟を体感した人もいるかもしれません。

フラナガンが喩えたダンスは、心の奥底にいる「本当の自分」と、時にはケンカしながらつくりあげてきた「社会的な自分」が、2人っきりで踊るものでした。

それは2人の和解であり、どのように生きてきたかの回想でもありました。

このフラナガンの文章には、「誠実さ」と「奮闘の結果」が並べられているところが面白いところです。人生を有意義なものにするためには、コア・プロジェクトに誠実に取り組むべきです。

しかし、そこに軽やかさや斬新さといった感覚がなければ、その冒険は面白みのないものになってしまいかねません。そこには奮闘の歴史があったはずです。

他にも、ダンスの比喩を当てはめられる自分がいます。

一つには、さまざまな役割をこなす自分です。セルフモニタリングを高めることで、幾人もの自分が見えてくるはずです。「バリバリに仕事をこなすキャリアウーマン」としての自分と、「日曜日の朝にベッドで冷たいピザを食べながらだらしなく過ごしている自分」は、ダンスを踊れるでしょうか？　タンゴを踊れはしなくても、手をつなぐことくらいはできるかもしれません。「根性のある男らしい自分」と「臆病な自分」とが、うまく手をとりあうことはできるでしょうか。

　これからは、自分は複数の自分で構成されていることを知り、そうしている自分を許そうとしてみてください。

　そしてもう一つは、あなたの要望に応え、挑戦をサポートし、献身的に愛してくれた内なる自分です。自分のパーソナリティを形づくり、幸福になるよう導き、ときには下手な冗談に笑ってくれ、必要なときに抱きしめてくれたのは、人生を共に歩んできた自分自身です。

　どんな自分も受け入れることで、私たちは生きてきたのです。

　そんな自分にこそ、乾杯しましょう。

　これからもあなたがさまざまな自分自身と共に手をとりあって、幸せな人生を築かれることを祈っています。

訳者あとがき

自分や他人の性格を理解することは、私たちが職場や家庭で健全な人間関係を築き、よりよい人生を送っていくために大切です。これは、誰もが常識として理解していることではないでしょうか。

しかし、私たちは常日頃から、自分や周りの人たちの性格について、さまざまな疑問を抱いています。

「私は本当に内向的な人間なのだろうか？」

「部下のやる気は高められるのに、どうして子どもはさっぱり言うことを聞いてくれないのか？」

「職場にいるときと家庭にいるときの自分を、別人のように感じてしまう理由は？」

「あの人は信頼できるだろうか？」

「彼がいつも幸せそうにしているのはなぜなんだろう？」

たとえば、「自分は内向的な性格だ」といった漠然とした考えは持っているとしても、十分な心理学的根拠に基づいて自分や他人の性格特性をはっきりと理解し、それを日々の暮らしにいかしていると断言できる人は、ほとんどいないのではないでしょうか。加えて、巷に溢れる怪しげでお手頃な性格テストが、私たちをますます混乱させています。

本書は、近年目覚ましい発展を遂げている「パーソナリティ心理学」の最新の知見をもとに、こうした問いに対して一般の読者向けにわかりやすく答えていきます。同時に、私たちが健全かつ幸福に生きていくための、有益なヒントを与えてくれる内容にもなっています。

著者は、ハーバード大学やケンブリッジ大学などの名門校で長年教鞭をとり、パーソナリティ心理学の専門家として世界的に高い評価を得ているブライアン・リトル教授。パーソナリティと環境、創造性、健康の関係など、私たちが興味を持ちやすい身近なテーマを題材にして、ユーモアたっぷりに心理学の研究成果を説明してくれます。本書をお読みくださった方は、自分自身はもちろん、身の回りの人たちのパーソナリティについて、多くの価値ある発見をしたのではないでしょうか。

リトル教授は、世界的なベストセラーとなった、スーザン・ケイン著『内向型人間の時代　社会を変える静かな人の力』（講談社）の9章で、「講義中はコメディアンのようにジョークを連発して学生たちを笑わせる〝ロビン・ウィリアムズとアインシュタインを足して2で割ったような魅力を持つ〟人気教授として知られているが、普段はカナダの森のなかの自宅で、読書や思索にふける物静かな暮らしを送る人物」として紹介されています。

もともと極端に内向的な性格のリトル教授が、講義では典型的な外向型のように振る舞える理由を説明するのが、「〝パーソナル・プロジェクト〟と呼ばれる、自分にとって大切な行動のためなら、人は普段のパーソナリティの枠を超えた自分になれる」という、彼自身が提唱する「自由特性理論」です。

私たちが、「自分や他人はどんな人間か？」と考えるときに用いている「優しい――冷たい」などの尺度は、人間や社会をとらえるための便利な枠組みにもなります。しかしそれは、私たちを閉じ込める檻のようなものにもなってしまうのです。

リトル教授は、私たち人間は、「固定的なパーソナリティ」だけではとらえられないと力強く主張し、私たちを勇気づけてくれます。

柔軟なものの見方で世の中をとらえ、ときには自分の枠を超えることで、私たちはより豊かな人生を歩むことができるようになるのです。

自分にとって大切なプロジェクトを追い求めることで、私たちは普段の自分を超えた大きな力を得ることができるという著者のメッセージは、私たちをおおいに励ましてくれます。

さらに、普段とは違う自分になることがもたらすストレスを癒すための、「回復のための場所（普段の自分らしくいられる環境）」を設けることの重要性を諭してくれるのも、嬉しいところです（ちなみに、リトル教授が好む一風変わった「回復のための場所」がどこなのかは、本書を読んでのお楽しみです）。

本書が、読者のみなさまがパーソナリティについての理解を深め、有意義で充実した毎日を送るための一助になることを願ってやみません。

翻訳にあたっては、大和書房編集部の白井麻紀子氏に大変お世話になりました。長い翻訳期間を通じて与え続けてくださったその細やかで温かいサポートに、心から感謝します。

2016年5月

児島　修

ブライアン・R・リトル
パーソナリティや動機付けをテーマにした心理学分野で世界的に有名な研究者。大学教育界のノーベル賞とも呼ばれる「3Mティーチング・フェローシップ」受賞。ケンブリッジ大学ウェルビーイング・インスティテュート特別研究員、カールトン大学特別教授。ケンブリッジ大学心理学部、ケンブリッジ・ジャッジ・ビジネス・スクール、カールトン大学、マギル大学、オックスフォード大学、ハーバード大学などで教鞭をとり、常に満席の講義によって、3年連続でハーバード大学の人気教授に選出された。現在は、イングランドのケンブリッジ、カナダのオタワに在住。

児島 修
英日翻訳者。1970年生。立命館大学文学部卒。訳書に『やってのける 意志力を使わずに自分を動かす』『「勇気」の科学 一歩踏み出すための集中講義』(大和書房)など。

自分《じぶん》の価値《かち》を最大《さいだい》にする
ハーバードの心理学講義《しんりがくこうぎ》

2016年 7月 1日 第1刷発行
2016年 8月 25日 第6刷発行

著者……ブライアン・R・リトル
訳者……児島《こじま》 修《おさむ》
発行者……佐藤 靖
発行所……大和《だいわ》書房
東京都文京区関口1-33-4
電話 03-3203-4511

ブックデザイン……水戸部 功
本文印刷所……信毎書籍印刷
カバー印刷所……歩プロセス
製本所……ナショナル製本

ISBN978-4-479-79531-5

http://www.daiwashobo.co.jp